概念框架

▶▶▶▶▶ 幕後操控思考的黑手

龔劍制 ——— 著

五南圖書出版公司 印行

第一章
概念框架現身

第二章
概念框架中的網路與連結

CONTENTS

第三章
從概念框架的運作解讀思考與知識

第四章
從概念框架的形成、改變解讀思考與知識

CONTENTS

導 言

「思考是一個非常有用的工具」，基本上應該不會有人反對這句話，但是，思考真的是一個工具嗎？

當然，我們的確使用這個工具去探索、發明，以及解開各種疑惑，但是，一般來說，工具是不會反過來控制使用者的。然而，為什麼我們常常無法掌控自己的思考呢？例如：

> 失戀的時候，愈是叫自己不要再去想她／他，她／他的人影就愈揮之不去。
>
> 走夜路的時候，明明不相信鬼的存在，卻覺得四周總是鬼影幢幢。
>
> 遇到挫折的時候，希望樂觀一點，但悲觀的想法總是盤據心頭。

究竟是我們操控著思考，還是思考操控著我們？

事實上，兩者都有。很驚訝吧！思考竟然可以反過來操控我們。這是因為思考會仰賴一個叫做「概念框架」（conceptual framework）的東西，它會自動運作，而且常常在我們不知不覺中運作，就像是個在幕後操控思考的黑手。

「概念框架」在思考與學習上扮演了重大的角色，這是因為人類的思考主要是依循經年累月、不知不覺中建構出來的概念框架在運作，若沒有概念框架就難以思考；而學習新的事物，其實就是在建立新的框架，或是在舊框架中建立新的連結，如果沒有框架，也不會有所謂的學習。

然而，概念框架不僅能讓我們延伸知識的觸角，它也能成為思考與學習的障礙。因為，框架一旦成形，就很難跳脫出去。它不僅成了思考的「工具」，也成了思考的「限制」。當一個想法

出現時，思維沿著概念框架自動運作，彷彿背後有一隻看不見的黑手，掌控著思路前進的方向，而我們卻毫不自覺。

舉個坊間常見的趣味問題來說：

> 有一天，警察局長的兒子匆匆忙忙跑來找警察局長，並且說他（小孩）的爸爸和警察局長的爸爸正在打架，所以要趕快回家勸架。

請問：正在打架的小孩的爸爸和警察局長的爸爸是什麼關係呢？

通常，這段話會令我們感到困惑：小孩的爸爸不就是警察局長？他怎麼會正在跟人打架，還要去勸架？難道小孩有很多爸爸嗎？如果有很多爸爸的話，應該說某爸爸在打架才對，不是嗎？

要解開這個困惑其實很簡單，只要把警察局長想成是女性就可以了。如果警察局長是小孩的媽媽，那麼，這段話就變得很正常了，意即：警察局長的先生和警察局長的爸爸正在打架。因此，小孩的爸爸和警察局長的爸爸之關係有可能是父子，但也可能是女婿與老丈人啊！

在這個例子中，並沒有任何明示或暗示警察局長是男性，但是通常來說，我們的概念框架會自動將警察局長的性別設定為男性，所以會導致困惑。也就是說，在一般關於「警察局長」的概念框架中，背後的「黑手」會自動將其推理為「男性」。

舉另外一個在創意思考訓練中常見的例子：

> 有兩個人在森林中迷路，一個人往南走，另一個人往北走。五分鐘後，兩個人竟然碰面了。

為什麼？[1]

這個問題常見的答案是：「兩個人都邊走邊換方向，變成一個半圓弧的路線。」不過這個答案不好，雖然人走路的確不會一直朝一個準確方向，但短短五分鐘內，正常人是不會改變方向到這種程度的。

這個問題的陷阱在於第一句話。當我們看見「有兩個人在森林中迷路」這句話時，我們會自動產生一個想像：「這兩個人在森林中的某個點迷路了」。注意「某個點」這個想像，這是把兩人放在「同一個點」上，但誰說這兩個人是在同一個點上？沒有！題目沒有這樣說，但我們的概念框架會自動這樣主張。當我們自然而然的接受這個畫面的同時，就注定無法跳脫這個陷阱了。如果我們想像兩人在不同的位置，這個問題就迎刃而解了。

在日常生活中，類似的困惑發生時，我們可以發現問題並努力解開它。怕的反而是在概念框架誤用時，仍沒有發生困惑，我們就會增加一項錯誤知識，而且這個錯誤會一直持續下去，久而久之，便形成了難以解開的困局。

舉例來說，有一天我開車載著一個很愛護動物的朋友，在我的視線中，有一隻流浪狗突然出現，距離車子很近，那時要減速已經來不及了，而且我的判斷是不會撞到牠，因此，在沒有減速的情況下，有驚無險的開過去了。但是，坐在旁邊的朋友卻驚呼一聲，他問我：「你有看到那隻狗嗎？」我回答：「看到了啊！但我覺得不會撞到。」然而，他卻以非常不以為然的神情看了我一眼，但沒說什麼。

1　請參考婷娜‧希莉格（Tina Seelig）著，《學創意，現在就該懂的事》，2012年，遠流出版。

　　事後我想了一想這件事，認為我的判斷沒錯，就算會撞到，當時煞車也沒用了，倒不如快速通過還比較能避免意外發生。但是，從我朋友的視線來看卻不是這樣，從副駕駛座的位置來看，他可以比我更早看見那隻狗，也就是說，如果我和他的視線相同，我可以在更早的時候減速，避免意外發生。但我沒有這麼做，這就表示我沒有把流浪狗的命當一回事了。

　　在概念框架中，我們習慣從自己的角度來看別人，甚至是別人的想法、感覺。一樣是「看到了」，但所看到的是不同的東西或情況，自然會有不同的判斷，而所產生的應對方式也會不一樣。但當我們將其「一視同仁」時，誤解便發生了。

　　當類似的錯誤知識與其建構起的概念框架累積多了，對的和錯的全部糾結在一起，形成一個完整而且深具信心的概念框架，我們再依據此概念框架生活與處事，錯誤就很難再被發現，與人溝通也會常常發生誤解而不自知。

　　如果一個框架根本上是會造成錯誤、不當，或是無法真正用來解決問題的，那麼，在不知不覺中依據該框架的探索只會愈走愈入歧途，使我們在日常生活中產生愈來愈多的困局，在學術上則會導致一些莫名其妙的理論。因此，有時根本解決問題的方式就是推翻現有的概念框架。在科學上就是所謂的科學革命；在社會上則是觀念與文化的革命；在生活上就是轉換不同的人生觀或處事態度；在宗教上，跳脫某些根深柢固的概念框架就是破除執著，悟道或許就是從根本上移除概念框架的思考習慣。這也是為什麼禪門公案常常要「不按牌理出牌」，「牌理」就是被綁死的概念框架，不按牌理出牌就是跳脫概念框架的思考。只要跳脫之後不再掉入另一個框架，就是思想的絕對自由。

　　然而，目前針對概念框架的研究還是很初期的階段，而運用概念框架看問題也算是個很新的方法。目前來說，雖然我們發現很多傳統的難題與困惑，像是「雞與蛋誰先」的問題，可以用概念框架的方式解釋而獲得很好的說明。但是，可笑的是，概念框架本身究竟是什麼？這仍舊是一個很令人困擾的問題。

　　概念框架在科學理論上比較明顯而且較好討論，主要是因為科學概念間的關係比較容易把握，而日常生活中的概念框架則較為混亂，也因為如此，這方面的研究很少。概念框架本身大多是自然形成，形成之後大多是用來解釋日常生活的各種現象，有時，這樣的解釋千奇百怪，而且不同的人明明套用類似的框架，卻可能獲得完全不同的解釋，這樣的概念框架究竟是如何運作？這讓人感到十分好奇，如果針對日常生活的概念框架之形成、結構、變化等做一番較深入的探討，我相信這將有助於我們更清楚掌握這種在思維背後自動運作的黑手，那麼，我們就較能不受其控制，而獲得更多思想上的自由。

第一章

概念框架現身

　　雖然，自從人類開始思考以來，「概念框架」就已經如影隨形，但真正開始使用這個詞卻是在二十世紀之後，所以，哲學史上可以說並沒有任何針對概念框架的討論。即使在目前，也不算常見，而且就算被使用，其意義也不盡然相同，也就是說，這個詞的意義相當多元。[1]

　　基本上，概念框架就是一些概念藉由某些關係連結所構成的一個框架，這框架的主要作用在於方便我們思考、認知與學習，是思考與學習的重要工具。當一個未知的新概念能夠精確地融入一個概念框架中，我們就對這個新概念有了清楚的認識。

　　概念框架讓我們清楚了解語言世界中的各種概念與思想，並藉此認識這個世界。

　　舉例來說，當小明看到一個過去沒見過的新概念「宅男」時，他不明白這個概念的意義，因此，我們需要對小明做一番解釋來讓他理解。我們可能會說，「宅男」是那種「不喜歡出門而且不善於面對面交際的男人」，這個解釋就讓「宅男」這個概念和其他一些概念（像是「出門」、「交際」、「男人」、「面對面」等）拉上關係，這時，小明就會對這個概念有了一些理解，當解釋愈多，也就是跟「宅男」這個概念拉上關係的已知概念愈多時，小明對這個新概念的理解就會愈清楚。

1　「概念框架」的相關詞彙在心理學上有「概念模式（conceptual model）」（Norman 1998）或是「基模（schemas）」（Aronson et.al., 2010），在電腦科學上有「草稿（scrpipt）」（Schank & Abelson 1977），以及在思考研究上有關於認知的「型態（pattern）」的討論（de Bono 1990），而在哲學上關於「概念框架」討論最多的，在於心靈哲學針對心靈與物質概念分歧的討論（Davidson 1974; 1980, Kearns 1996, Nagel 1998, etc.）。另外，在科學史上有概念系統（system）的研究（Thagard 1992）。

　　然而，從另一個角度來說，當我們使用概念在思考時，概念框架會導引我們自然而然、不由自主的沿著其框架在思考。以上面的「宅男」為例，如果我們習慣把「宅男」當作一個批評用語，在「宅男」這個概念框架中就產生了新的連結而導致負面評價，久而久之，當別人稱呼自己是宅男時，心裡就會有不高興的感覺。如果某人的行為在某種程度上符合宅男的定義，我們就會習慣性的用負面眼光看他，而且自己通常不知道，原來這種負面眼光只是因為概念框架內有負面連結所導致，而誤以為這是理所當然的真理，就像背後有一隻控制我們思維的黑手在主宰我們的想法。

　　然而，如果有一天，出現一個非常有名又很受歡迎的偶像團體就叫做「宅男團」，而且每個成員的個性都很「宅」，那麼，「宅男」一詞就可能突然轉變它的價值連結，變成一個很正面且值得誇耀的性格。在這種情況下，當別人再稱呼我們為宅男時，便容易欣然接受，也會正面看待那些很宅的人，而這也會在我們心中視為理所當然。

　　在概念框架幕後黑手的作用下，思考便受到限制，也就是說，概念框架不僅是思考的「工具」，也會產生思考的「束縛」。因此，我們就必須掙脫概念框架的束縛才能思想自由。

一、何謂概念

　　前面已經對概念框架有了一些簡單的介紹，但是尚未解釋何謂「概念」。這好像有點本末倒置了？其實不會，從建立概念框架的角度來說，這個順序比較好。因為，要建立「『概念框架』這個概念」的概念框架，在初始階段比建立「『概念』這個概念」的概念框架還要容易一些（如果覺得這句話很難懂，沒關係，之後再回頭看就會覺得一目了然了）。

　　「概念」這個詞的英文是「concept」，原本和中文對「概念」的用法其實不太一樣。舉例來說，有時候當我們認為某人在哲學方面有很豐富的知識，我們可能會說：「你對哲學很有概念喔！」或者，當我們發現某人對某些事物完全不懂時，我們可能會說：「真是一點概念都沒有！」此處「概念」就相當於「知識」的意思，即一般認為對某個領域沒概念，就是在該領域缺乏知識。

　　上一段對「概念」的用法，跟我們在本章談論的「概念」意思不太一樣。簡單的說，本章所談論的「概念」，類似一個有單獨意義的字詞在我們的思考中所呈現出來的那種東西。以「三角形」這個詞為例，當我們使用這個詞時，因為對這個詞有所理解，所以在思維世界裡會有一個想像冒出來，讓我們知道這個詞是在說什麼，而我們所理解的那個想像的東西，可以成為一個思考的基本單位，這個想像的東西就可以叫做「三角形」這個詞彙的概念。簡單的說，一個在語言中稱為字詞的東西，其所代表的、可以在心中呈現出來的「意義」，就叫做「概念」。

　　因此，有些概念理論主張概念就是心智表徵（mental representation），也就是一個字詞在我們內心思考中被喚醒時的那個東西。例如：當我們看到或聽到「鬼」這個字時，內心浮現的那個東西，就是「鬼」這個字的心智表徵。所以，概念並不等於字／詞，而是字／詞所表達的意義。例如：「阿姨」和「媽媽的姊妹」雖然是不同的詞語，但在我們的思想中，卻幾乎是完全一樣的東西，有著一樣的意義，而這思想中的意義就叫做概念，也就是說，「阿姨」和「媽媽的姊妹」雖然是不同的詞語，但卻是相同的概念。

這樣的說明其實夠清楚了，但是對於第一次看到這個說明的人，不免覺得自己仍舊不了解什麼是概念，所以自然而然覺得又遇到艱深的哲學了，事實上不是，第一次看到這樣的說明會覺得很艱深，只是因為不習慣這些詞語所表達的意義而已，也就是對於「『概念』的概念框架」還沒完全建立起來，所以要運用它還很困難。

但如果你實在覺得很困難，那麼，我建議根本不用花時間去思考概念究竟是什麼東西，就當它是一個字／詞好了，像「桌子」、「姊姊」、「天空」等，這些字／詞都是概念，這樣的理解到目前為止其實也沒有什麼太大的問題，等看到後面的一些討論，自然而然就會愈來愈清楚了。

哲學家們會去區別一些很細微的差異並不是沒事找事做，而是在我們深入思考某些問題時，這樣的差異會變得很重要，但目前來說，這個「字／詞」和「概念」的區別還不是很必要，所以如果感到厭煩，可以暫時別去理會它們，暫時把概念框架當作是語詞的框架也沒什麼關係。

二、概念的連結與思維黑手的操控

由於概念之間有所關聯，用這些關聯把概念串起來就形成了概念框架。如前所述，概念框架雖然是思考的工具，但有時也會成為誤導的根源或束縛。舉例來說，「喜歡」這個概念可以用來描述某種人與人之間的情感，例如：小明可能跟小花說：「我喜歡妳」，用這樣的概念可以表達小明對小花的一種情感。然而，在我們的認知（概念框架）中，這個概念和許多其他概念也有某種關係，像是「愛」這個概念。「喜歡」和「愛」有一些關聯，例如：在先後次序上，依據我們一般對愛情的認識，通常是先喜

歡然後才會愛，而喜歡之後就可能產生愛。或者，從另一個角度來說，喜歡事實上就是愛的一種較為含蓄的說法。因此，在我們關於「喜歡」這個概念所組成的概念框架中，它和「愛」有著關聯，藉由這些關聯，我們思維背後的黑手會自動做某些推理。

　　例如：如果有一天有人跟你告白說：「我喜歡你」。從你已具備的概念框架來看，這句話的意思有時就是「我愛你」的含蓄用法。或者你可能會想，再過一段時間，他可能就會愛上我了。那麼，在不知不覺中，在背後主宰你的自動思考就藉由「喜歡」和「愛」的關聯，而產生某些隱藏的想法，這些想法又默默地操控你的思維以及行動。例如：你的內心根本就當作她愛上你了，進而誤認為她想跟你交往。那麼，你就會一直用這樣的態度思考與處事，直到有一天踢到鐵板，對方覺得你這個人莫名其妙，「我哪有想跟你交往啊?! 少臭美了！」這時自己才會發現，原來自動思考的部分其實錯了而不自知。

　　從另一方面來說，「喜歡」和「討厭」通常是對立的。如果你喜歡一個人，通常就不會討厭他，我們大概很難既喜歡一個人又討厭這個人吧？我們或許可能喜歡一個人的某個特點（如很好心），而討厭他的某項其他癖好（如抽菸）；但是，對一個人的整體感覺大概不會是既喜歡又討厭（不過，又愛又恨似乎是可能的）。那麼，這兩個概念又因為有這樣的關聯，進而產生一種可以稱為「互相排斥」的連結。

　　從這種概念間的關聯來看，我們可以想像和「喜歡」有關的其他概念及其產生的某些連結所構成的一個框架，那麼，這就是一個以「喜歡」這個概念為中心所構成的一個概念框架。

　　我們在日常生活中學會了這個概念框架之後，就順著這個概念框架處理跟喜歡有關的事件與描述。例如：從自己的角度

來看，由於如果有人跟我說喜歡我，我就會猜想對方有可能是愛上我。那麼，我如果想跟某人表達愛意，但又怕被拒絕，我可能就暗示說：「我喜歡妳」，希望她能了解我事實上是愛她的。因為這些概念框架也同時成為我們的共同知識（common knowledge），由於我知道對方也具有這樣的概念框架，所以，這樣的溝通是可能的。[2]

當然，在這樣的情況下，誤解也是可能的。因為大家可能有不太一樣的概念框架，或是應用概念框架的部分可能不同，但卻習慣性的忽略其差異而導致誤解。例如：當某人跟我說她喜歡我的時候，她的意思可能真的只是喜歡而已，只是她個性大方，比較不會拘泥說這些話，而喜歡程度說不定很低，這些都是合理的概念框架之運用。當這種套用不同概念框架部分的解讀狀況發生時，就容易產生誤解。

但基本上，這些誤解都還是比較容易發現的，因為這些都是很明顯的概念框架中的結構，只不過應用不同的關聯而已。然而，概念框架中有些誤解很難發現，這有可能是框架中比較觸碰不到的部分，也就是框架本身根本就不足以描述的情況，或是平時比較不會注意到的區別。

2　我們在日常生活中有許多的常識不僅自己知道，而且溝通的雙方也都知道別人知道，我們可以稱這樣的知識為共同常識。而共同常識又可以分為明顯知道的以及平時不會感覺到的，例如：「地球是圓的」、「中了樂透會很高興」、「被愛人拋棄會難過」等，即屬於平時明顯知道自己以及別人具備這些常識。然而，像是「帶狗去散步時，狗的頭也一起帶去了」以及「人們在跳躍時，眼睛不會掉下來」，這些知識也是大家共同知道的常識，而且也知道別人是這麼想，只不過平時比較不會意識到我們有這些常識。由於我們不僅自己知道這些常識，而且也明顯或不明顯的知道別人都這麼想。所以，當我們在溝通時，這些常識往往不會被說出來。那麼，當兩人對於共同知識有不同看法時就會出現問題，尤其對於不同文化風俗的人來說，這種情況尤為嚴重，或是對於某些人來說，對於某些事認為是理所當然而別人不這麼認為時，也可能會發生問題。請參考（Delvin 1997）。

　　舉例來說，可以被稱為「喜歡」的情感有許多種類，有崇拜性的喜歡、有戀愛的喜歡、有外貌上的喜歡、有因為被感動而產生的喜歡等，程度上也有差別，而且也可能是好幾種混雜在一起的喜歡，但我們都以「喜歡」來稱呼這些情感。在這些情感中，或許有一種淡淡的崇拜，這種情感事實上跟「愛」的感覺差距很大，也不太容易引發愛情的感覺，但由於我們的思考受制於概念框架，有時連當事人自己都會搞混。就算真的開始交往，除非有其他因素引發愛情，否則往往會感覺到缺乏愛情該有的浪漫。

　　也因為我們習慣訴諸概念框架來解讀自己的情感，常常會有一種令人啼笑皆非的問題出現，「我到底愛不愛他？」這個問題之所以令人啼笑皆非，是因為「愛」這樣的情感應該是屬於從內心去把握的東西，有就是有、沒有就是沒有，很多或是很少，或是性質的不同，這是反觀內心情感就可得知的。但是，由於許多人習慣性地用概念框架去理解事物，因此就可能產生這些疑問，這並不是因為出現的情感很奇怪，而是概念框架本身難以處理所有情況。

　　舉例來說，在小王的認知中，「愛」這個概念框架中可能有一個連結：

　　　「如果愛一個人，則會想要日日夜夜跟她在一起。」

　　但內心正在戀愛的小王卻沒有這種想要日夜在一起的感覺，這時小王可能會感到疑惑，或許自己事實上並不愛對方。然而，小王認知中的「愛」這個概念框架裡，可能又有另一個連結：

「如果常常想念某個人，想跟她有一些親密的舉動，
那麼，這就表示對她有了愛。」

依據這樣的規則，小王會認為自己是愛對方的，那麼，小王
內心可能產生了疑惑與矛盾，搞不清楚自己究竟愛不愛對方。從
這個例子可以看出，日常生活中的概念框架有時會發生這種思考
上的衝突而產生困惑，而事實上，在日常生活的概念框架中，許
多規則都不是以充分必要條件的方式形成的，[3] 所以可以建構出
許多可能性而不會互相矛盾。然而，當我們在思考時，如果將其
當作充分必要條件的方式來把握，就可能產生這種矛盾的現象。

另外，之所以會發生這種不同的、甚至互相衝突的法則，
問題可能在於「愛」在事實上有許多不同種類，而且差異很大。
某些愛可能一點都不會想要日日夜夜廝守，有些愛可能一點都不
會想要有什麼親密行為，有些愛或許甚至連想念都不太會有。但
是，當我們全都使用單一語詞或是概念「愛」來把握時，思考與
溝通都可能產生問題。而且當概念框架更大時，這樣的問題就可
能會更嚴重：我們可以藉由下面這個較大的概念框架來說明這種
情況。

三、異性朋友的概念框架

在婚前感情方面，我們會把異性粗略分成三大類：陌生人、

---

[3]　當我們說：「A是B的必要條件」，意思是說，如果沒有A事件的發生，就一定不
　　會有B事件的發生。也就是說，對B事件的發生來說A是必要的。然而，當我們說：
　　「A是B的充分條件」，意思是說，如果有A事件的發生，則B事件一定會發生。也
　　就是說，A事件的發生是充分足夠包含或是導致B事件的發生。下一章討論到概念框
　　架的各種連結時，還會再針對這兩個條件做更詳細的討論。

普通朋友以及男女朋友。對於完全不認識的，或是幾乎沒什麼來往者視為「陌生人」。對於有些來往的稱為「朋友」，而交往非常密切但沒有戀愛關係的，則仍然是朋友。若有戀愛關係，則稱為「男女朋友」。這是關於異性朋友概念框架的主要架構，為了方便討論，我們可以給這個框架一個名稱：異性分類框架。[4]

　　而在這個異性分類框架中，有著非常多的小結構，小結構的形成常常與其他相關的概念框架有關。例如：由於我們生活在一夫一妻的社會結構中，而且走向婚姻被視為一個理所當然的方向，由於戀愛和婚姻關係很大，因此，這樣的社會習俗會對這個概念框架帶來影響。例如：一夫一妻制表示未來只能有一個丈夫或是妻子，那麼，男女朋友既是預設朝婚姻方向走，正常來說就只能有一個對象。因此，在這個異性分類框架中，男女朋友就自然而然被定位為一人。若發現某人有兩位以上的男女朋友，就會認為是不正常或不道德的，然而，對於沒有一夫一妻制或甚至沒有婚姻習俗的文化，就比較不會有這種背後黑手的自動思考。

　　除此之外，婚姻關係概念框架中的「不忠」概念，也會一起帶進男女朋友關係中，因而主張劈腿（甚至移情別戀）是不忠的行為。否則，在「自由」戀愛關係中的男女朋友間，為何莫名其妙會有忠與不忠的問題呢？

　　因此，藉由這樣的概念框架，當我們認識一個人 A 時，當這個人跟我們介紹 B 是其女友，在沒有進一步說明的情況下，我們自然而然的會認為 B 是 A「唯一的」女友，而且 A 是 B「唯一的」男友，這裡不但顯示出男女朋友框架中獨一的性質，還顯

4　或許有人會認為應該把同性戀考慮進去，因而使得戀人不一定是異性，但是，由於此處只是以此為例來說明，所以盡可能使其簡單明瞭會比較好。

示出其互為男女朋友的性質。也就是說，在概念框架中也有互為男女朋友的規則，當 B 是 A 的女友時，A 就會是 B 的男友，不會只有一個成立而另一個不成立。另外，也同樣會認為 A 與 B 都是未婚，因為已婚者在正常情況下不會去交男女朋友；甚至還會認為 A 與 B 未來有結婚的打算、有些親密關係、互相愛著對方等許多連著框架一同湧上來的訊息。然而，事實上這些都可能會有例外，但在發現例外之前，概念框架就會讓我們在還未獲得進一步訊息的情況下，自動產生理所當然的推理。雖然這樣的自動推理多數情況下是對的，但卻也有出錯的時候，而且這種錯誤通常難以察覺。

舉例來說，假設有 A 和 B 兩個人，在 A 的心目中，B 是一個很好的結婚對象，因此，A 全心全意的對待 B。然而，雖然 B 也很喜歡 A，但卻沒有像 A 一樣熱衷，B 覺得 A 不錯，但還沒有發展到想跟對方結婚的地步，覺得自己還要多做考慮。雖然兩人已經有戀愛關係，而且行為舉止就和一般男女朋友一樣，沒什麼差別，但是，內心對彼此的想法還是有所不同。

然而，在戀愛的概念框架中，有著雙方必須「忠誠」的連結（也就是不可以再和其他異性交往的黑手思維），由於 A 一心一意想和 B 結婚，所以，在 A 的認知中，這個連結對 A 來說，便會是一個很強的連結，這樣的連結和其內心想法是一致的，但是，這樣的連結在 B 心中就不強，因為其尚未打算跟 A 結婚，所以自然而然並不完全套用婚姻的概念框架到戀愛中。所以，B 對自己與其他異性交往的行為舉止可能會比較寬鬆，這種狀況對兩個人的概念框架來說，事實上都是合理的。也就是說，雖然兩人之間都會存有「跟其他異性交往過於密切是不當行為」這樣的「不忠條款」（也就是跟「不忠」這個概念的連結），但是，

兩者概念框架的連結程度會有很大不同，也就是對於怎樣才算是「太過」的界定應會很不一樣。A 可能完全依據「夫妻」的標準，而 B 的標準則會寬鬆很多。

問題在於由於 A 並不知道 B 的內心與其有所不同（概念框架的自動推理無法讓我們發現這點），但他們用「愛」這個相同的字眼，來互相傾吐對對方的感覺（這也沒有任何錯誤），而這樣的情況會導致 A 誤以為 B 有著和自己一樣的內心感受：想要兩人一直走下去。那麼，這就會開始導致一些問題了。

首先，A 會覺得 B 不應該和別的異性「如此這般的」交往，因此，A 可能會訴諸戀愛關係之概念框架中的「不忠條款」，來告誡 B 應該要小心行事，而 B 事實上不會反對「不忠條款」，但是，其強度不同。因此兩人就會產生爭執，即使 B 被迫接受 A 的不忠條款，其內心的概念框架也會有衝突，這樣的衝突一定會導致內心不愉快，而認為 A 過度要求別人，因為從 B 的概念框架來看 A 的行為就是如此。反過來說，如果 A 和 B 的概念框架對調，就會變成 A 認為 B 過度要求別人。如此一來，通常有兩種選擇：一是不甘願地接受另一方的約束，然後轉換心態將對方當作（不滿意但勉強接受的）結婚對象。二則是乾脆分手算了。但是，兩種選擇對彼此的關係發展都不好。如果雙方可以看見這種概念框架上的差異，就可以進一步發現真正的問題所在，進而找出一個更適合雙方相處的模式。所謂更適合的模式，應是 A 須體諒 B 與異性交友的方式，並且更積極努力的改善自己，讓自己在 B 的心中獲得更多肯定，當 B 也逐漸建立起和 A 類似的兩人關係概念框架之後，問題就可以獲得解決。

我想，這樣的例子可以逐漸說明何謂概念框架，以及其如何作為一個背後操控我們思維的黑手。但是，我相信整體來說，讀

者仍會感覺模糊不清，這是難以避免的，概念框架是一個很難說明的東西。而且我們過去很少會用這種角度看問題，但有更多例子佐證後，我相信情況會逐漸獲得改善。

四、概念框架之衝突所導致的思想困惑

　　前面談到的異性分類框架中，有所謂的普通朋友以及男女朋友之分類，當我們運用這種概念框架處理人際關係時，由於日常生活的概念框架較不嚴謹，所以可能會導致一些怪異或是不當的情況。例如：在這個概念框架中，男女朋友是比較親密的，如果有兩個異性同時需要幫助，當然是先幫忙和自己有男女朋友關係的，照理說這是很正常的，但是，卻也可能產生所謂重色輕友的情況，重色輕友不可以嗎？為什麼？

　　問題在於，在朋友關係中，以認識很久的老朋友和剛認識沒多久的新朋友來做比較，老朋友當然比新朋友更重要，如果兩個人同時需要幫忙，當然是先幫老朋友。但是，一旦加入男女朋友關係的概念框架，就會產生問題。新交的男女朋友可能才認識幾個月、甚至幾個星期，但是，剛認識的男女朋友地位馬上凌駕於認識十多年的老朋友之上，這豈能讓老朋友心服呢？於是有了重色輕友之說。如果兩個朋友認識時間相當，一個是男女朋友、一個是普通朋友，則不會有重色輕友的問題。這是概念框架中兩個衝突之連結所造成的問題。當我們背後的黑手推理製造出這個思想上的衝突時，我們會感到不知所措。

　　當然，如果大家都依據「男女朋友具有優先地位」這樣的框架規則來處事，自然也沒有什麼問題（現今大家基本上都可以認同這個規則了）。但是，這似乎會是個對於朋友關係中的人類自然情感有所衝突的規則，但卻也符合戀愛中人們的自然情感。然

而，如果男女之間還處在曖昧狀態，理應算是朋友關係而不是情侶時，這就會讓人陷入兩個互相衝突的概念框架中而難以抉擇。這時就需要運用智慧尋找別的概念框架來化解。例如：以事情的輕重緩急來區別，而不是用關係來判斷。

除了朋友與戀愛關係的框架之外，這種類似的例子也發生在哲學思考中。在知識論裡，有一個很有名的問題叫做葛第爾的問題（Gettier's problem），[5] 這個問題的根本就在於概念框架的問題上。首先，柏拉圖以「合理的真信念」來定義「知識」。這樣的定義被解讀成把「知識」等同於「真」、「相信」以及「合理的」這三個概念的組合，並且以充分且必要條件來連結它們，也就是說，當一個人 S 具有某個知識 P 時，其充分且必要條件如下：

1. P 為真。
2. S 相信 P。
3. S 有不錯的理由相信 P。

但是，當我們以日常生活習慣對「知識」一詞的使用來看，卻會發現很多格格不入的地方。例如：我看見隔壁鄰居阿嬌在半夜殺人（但事實上她只是在做戲劇排演），這時我就認為「阿嬌是殺人犯」。假設阿嬌真的是殺人犯（她去年殺了人，卻一直沒被抓），這時，我的知識「阿嬌是殺人犯」為真，我看見她殺人，所以這麼認為，這就很合理；而且我也的確這麼相信。這麼一來，依據柏拉圖對知識的定義，我就可以說，我知道「阿嬌是

5　請參考（黃慶明1991, p.50）。

殺人犯」。但是，一般來說（依據日常生活對於「知道」的概念
框架而論），我們卻不認為如此。這個情況讓我們認為這個定義
有問題。所以，哲學家們主張還需要有第四、甚至第五個條件。
然而，無論哲學家們如何找尋新條件，總是會有漏網之魚。為什
麼會這樣呢？

　　從概念框架的角度來看，便可以解釋清楚。那是因為在日常
生活自然形成的概念框架結構，並不適用於充分必要條件式的結
構。所以，當我們套用這種充分必要條件式的結構，來解釋「知
識」這種日常生活自然形成的概念時，就會有格格不入的例外發
生。即使用一百條規則，也無法澈底解決問題。

　　另外，概念框架的錯誤使用可能會導致一些思想的困惑，
例如：號稱千古難題的「先有雞還是先有蛋」，由於某些概念框
架的誤植，導致思考上的困惑。如果先有雞，雞從哪裡來？如
果先有蛋，蛋又是什麼東西生的？「雞」被定義成「雞蛋孵出的
生物」；而「（雞）蛋」被定義成「雞生出來的蛋」。當雞和蛋
被循環定義時，這個問題其實也就是概念框架的問題，關鍵點在
於，在「先後」這個概念所屬的概念框架上，並不能用來連接
「循環關係」的事物，否則，先後一直無法出現而形成永遠的
迴圈在那邊繞。問題很簡單，這是概念框架錯誤使用所導致的
困惑。

　　類似的另一個問題是「禿子悖論」。我們稱呼頭頂沒有頭髮
的人為禿子，那麼，如果他頭頂有一根頭髮呢？當然，比禿頭者
多一根頭髮，無法使一個禿子變成不是禿子。所以，如果一個有
X 根頭髮的人被稱為禿子，那麼，有 X+1 根頭髮的人也是禿子。
既然有 X+1 根頭髮的人是禿子，那麼，表示多一根頭髮無用，
所以，有（X+1）+1 根頭髮者也還是禿子。以此類推，無論有幾

根頭髮都是禿子。

　　顯然這個結論是錯的，而且這種錯誤其實並不容易被清楚指出。因為，這也是一種概念框架誤植所造成的錯誤。簡單的說，這是一個概念的習慣用法被不當的放在另一個框架中。在日常生活中，我們判定一個人是禿子與否，不是用確定的頭髮數量來衡量，而是一種大致上的感覺。舉例來說，有同樣數量頭髮，且頭髮長度一樣的兩個人，有可能一個是禿子，而另一個不是，必須視其頭髮分布狀況來決定，如果某人的頭髮分布很平均，則比較不會被認為是禿子，相反地，如果某個部分沒有頭髮，則比較可能會被認為是禿子。

　　因此，頭髮數量和是否為禿子並沒有必然關聯，甚至有可能頭髮多的是禿子，而頭髮少的卻不是禿子的情況發生。在禿子的概念框架中，禿子事實上是一個缺乏明確界定的詞，有些頭髮分布的狀況明顯是禿子，但在許多其他狀況下，則並不明確。當一個非禿子少了一根頭髮之後，雖然不會馬上變成禿子，但卻比較可能會像是禿子，若再少一根頭髮或許就會更像，而且還要考慮少掉哪一根頭髮；這是屬於日常生活中禿子的概念框架。但是在這個概念框架中，卻沒有這種嚴格界定數量的結構，所以，「禿子」這個概念框架，不同於那種可被清楚量化的概念框架。

　　那麼，當我們用一根一根的數量去計較一個人是否為禿子時，就會產生問題。但由於禿子與頭髮的數量的確有關，頭髮愈少則其是禿子的機會愈大，而且沒有頭髮的人一定是禿子。所以，當我們用頭髮數量去討論是否為禿子時，並不會馬上感到奇怪，甚至會覺得很正常，這樣的情況就會導致困惑。如果我們是用頭皮的厚度來談論禿子，則大家馬上會發現這是無關的問題，而不會有任何困惑，就像沒人會認為：「五公斤的水等於幾公分

高？」這樣的問題是有意義的。我們很容易發現，這是概念框架誤植造成不該存在的問題。但是，當問題的確相關但卻是不同的概念框架時，就容易導致思想上的困惑。

在這個例子中，我們可以責怪禿子的概念不夠科學，也可以責怪科學不適用於這類概念。但是，事實是並非所有概念都可以被科學清楚定義，日常生活概念的框架，顯然不同於科學概念的框架。

這些錯誤還是屬於比較容易點出來的，有些錯誤則不然。例如：關於心靈與物質關係的思考中，數百年來，在西方哲學界無論是什麼樣的學派與理論，都有著難以接受的困擾，這樣的困擾直到最近才有人開始主張這個問題的根本，在於主觀與客觀的概念框架有問題，因為我們根本就沿用錯誤的概念框架在思考。因此，在這樣的框架上，絕不可能有完善的理論發展出來，所以要解決心物問題（mind-body problem）的最根本方式，就是跳脫現有的主客觀概念框架，必須找到一個新的概念框架來理解心靈與物質，問題才可能被解決。[6]

從上面的說明，我們應該已經可以發現概念框架這個東西在我們認知與思考中所扮演的重要性，概念框架作為思考的工具，也成為困惑的來源之一。

然而，一個概念框架是如何形成的呢？它又能夠做什麼樣的改變，甚至被其他概念框架所取代？日常生活的概念框架和科學理論的概念框架有何不同？我們能夠跳脫出一個概念框架來思考嗎？或者，我們能夠重建一個新的概念框架嗎？而且，最重要

6　如何從概念框架角度解開心物問題的研究，請參考我寫的另一本書《心靈風暴》，
　　2012年由臺灣商務出版。

的問題是，這樣的概念框架是否能夠協助我們認識世界的真相，還是說，它僅僅是一個方便思考的工具而已？從對概念框架的研究，可以關聯到其他很多哲學上以及認知科學上的重要問題，甚至跟人生哲學問題大有關係。例如：「執著」是不是就是被概念框架的思考黑手緊緊束縛住了呢？如果是的話，只要解開這個概念框架，執著就消失了。那麼，「悟道」是否就是從最根深柢固的概念框架中掙脫出來，達到思想完全自由的狀態？就像許多禪門公案常讓我們的思維停頓，這種停頓大多就是因為概念框架被突破的關係。如果在參公案時可以達成放下概念框架的堅持，經常就會有一種擺脫某個思想束縛的感受，不知這是否就是禪門公案的旨趣所在。

　　我希望藉由對日常生活的概念框架起步，好好分析清楚概念框架的各種特徵與運作方式，我相信這樣的分析能讓我們較容易從概念框架的角度思考問題，而這將在許多方面帶來好處。

第二章

概念框架中的網路與連結

　　概念框架的結構，主要由概念與概念間的關係所組成，而概念間的關係有非常多種，有些甚至很難用語言表達，要完整討論所有關係是不可能的事，而且本章目的只在於藉此說明何謂概念間的關係。所以，也沒有必要針對每一種概念間的關係做詳盡的列舉與說明，本章僅將日常生活中較常見的狀況提出來討論。

　　然而，有些關係比較不是在概念層面，而是在更高階的命題（proposition）層面，但因命題由概念所組成，命題的框架廣義來說也是概念的框架，因此，本章的討論將不受限於單純概念間的關係，而將命題間的關係也包含進來。

　　那麼，什麼又是命題呢？簡單的說，命題就是「有真假值（truth value）的句子所表達之意義」。然而，對於不熟悉這個詞彙的人來說，這個說法還不夠清楚，我們可從下列幾點來說明。

　　1.在此所謂的「句子」，較適合英文對句子的定義，就是一個有完整主詞與述詞的組合。例如：「我跳」、「我喜歡鍋子」、「外面正在下雨」、「小朋友不喜歡別人罵他們是笨蛋」等，都是完整的句子。

　　2.所謂有真假值的句子，指的是可以用「真」或「假」來衡量的句子。例如：上面舉的例子都是有真假值的，但也有一些完整的句子無法用真或假來衡量。例如：「你好啊！」（問候句）、「椅子下雪在滑鼠桶。」（無意義的語句）、「他喜不喜歡鍋子呢？」（問句）等，這些都無法用真假來衡量，這些也都不能算是命題。

　　3.一個句子所表達的意義存在於表達者的思想中，在此我們也可以把「意義」這個比較模糊的字眼改成日常生活中較常使用

的「想法」一詞。那麼，命題就是「以有真假值的句子所表達的想法」。

4.不同的句子可能是同一個命題，因為它們表達一樣的想法。舉例來說，中文「雪是白的」和英文「Snow is white.」是不同的句子，但是，它們表達一樣的想法。當一個臺灣人思考「雪是白的」，和一個英國人想到「Snow is white.」，在他們心中產生相同的理解，產生一樣的思想，此一樣的思想就是相同的命題。

5.句子是可以用眼睛看或是用耳朵聽的。但由於命題是想法，所以無法眼觀耳聞，只能用思想來理解。然而，當我們要表達一個命題時，則可以使用句子來表達。

6.一個句子可能可以被用來表達幾個不同的命題，而這也就造成了句子的歧義性（ambiguity）。例如：「有些鳥是黑色的」，這個句子可以用來表達不同的命題：（1）「至少有一隻鳥是黑色的」。（2）「有些鳥是黑色的，但不是所有的鳥是黑色的」。這兩個命題不同，因為（1）不包含（2）。

7.嚴格來說，句子本身沒有所謂的真假，只有命題才有真假。當我們說一個句子 A 是真的，其意思是說，A 句子所表達的意義或想法是真的。亦即當我們說：「句子 A 是真的」時，我們實際上是說：「命題 A 是真的」，或是「句子 A 所要表達的命題是真的」。

8.句子由字詞組成，而命題由概念組成。概念指的是大腦中運作的字詞意義，其可以說是思考的基本單位。因此，從這點來看，當我們說：「概念框架」時，這不同於語詞的框架，雖然我們會用語詞來表達一個概念及其框架，但要記得的是，我們所談論的是針對思想上的單位。

　　經由上面說明，我們大致可以較為清楚的呈現出「命題」這個專有名詞的意義。哲學家們之所以要弄出一個這樣看似複雜的新名詞，其實是有其特殊意義的，其意義在於命題就是在人類思想中對萬事萬物的認識與了解。由於哲學非常重視我們的知識與世界的關係：「我們所認識的世界（主觀），是不是就是這個世界的真相（客觀）？」所以，哲學家們會特別發展出一個這樣的名詞，以便我們進行類似這些問題的討論。

　　在世界上，不同的事實之間可能相互關聯。例如：「我在薈萃六樓丟了一個十元硬幣下去」以及「校長在薈萃一樓被一個十元硬幣打到頭」，假設這是兩件事實，而這兩件事實可以在我們的思想中轉換成命題。在事實層面上，這兩件事實之間可能有一個「因果關聯」。也就是說，「我在薈萃六樓丟了一個十元硬幣下去」，導致「校長在薈萃一樓被一個十元硬幣打到頭」。那麼，在思想上，我們也可以用一個因果關聯把這兩個命題連接起來。因此，這個由許多命題所組成的框架對應於所發生的事實，可以成為信念或是知識的框架。如果這種儲存知識的框架（或經常被稱為信念網）真的能夠正確對應外在世界，那麼，我們就可說，擁有這個信念網的人，正確的認識這個世界。

　　所以，命題間的關係可以用來解釋事件之間的關係。例如：在日常生活中我們會經歷許多事件，而且我們會認為某些事件間有著關聯。例如：昨天我感冒了，還開車載著友人 A 一起去宜蘭吃飯，今天早上友人 A 也開始出現感冒症狀。從這個情況來說，我們自然會認為，很有可能是我把感冒傳染給友人。也就是說，「我感冒」和「他感冒」這兩件事情之間可能會有「因果關聯」，因此我們就把兩個事件或命題用一種關係連結起來了。

在日常生活中，我們經常使用許多各式各樣的「關係」來連結兩個不同的事件（或命題），這樣的連結有時很草率，有時也根本是錯誤的；但是，它仍舊構成我們面對這個世界以及面對人群互動的主要依據，而且形成信念與知識，直到有一天我們發現錯誤而將其踢出信念網。直到這一天來臨之前，我們會一直不斷使用它來製造錯誤知識。

然而，命題單位有時太大，不足以用來解釋許多事物，有些關聯並不是命題之間的，而必須降至概念的層面來解釋。例如：「衣服」與「保暖」這兩個概念之間有關聯，也與「美觀」有關聯，但「保暖」和「美觀」不太相關。另外，「女人」和「人」這兩個概念有蘊涵的關係，而在社會價值觀建立後，某些概念則賦予特殊的價值意義，例如：「烏龜」和「罵」有關聯、「濫殺」和「不好」這兩個概念有關聯。

一個概念與許多其他概念（命題）建立關係後，形成一個屬於此概念的框架，這就是我們要探討的概念框架。除此之外，我們還需進一步討論這些概念間的關係是如何形成的，以及其如何改變。那麼，我們先來看看概念框架中的常見關聯。

一、充分與必要條件的關係：科學就是在尋找各種充分必要條件？

在世界上發生的各種事件之相互關係中，「充分條件」與「必要條件」是兩個很重要的關係，尤其在科學方面，更是以找出此種關係為研究目標。當我們說：「A 是 B 的必要條件」，意思是說，如果沒有 A 就一定不會有 B，也就是說，對 B 事件的發生來說，A 的出現是必要的。

　　舉例來說，針對地球上的生物，「空氣是生物生存的必要條件」。這句話中有兩個事件，一是「有空氣的存在」，另一是「生物可以生存」，這兩個事件的關係是：「如果沒有空氣存在，則生物無法生存」。以邏輯式來表達就是：

$$-A \rightarrow -B$$

（A：有空氣的存在。B：生物可以生存。「－」則代表「非」。）

　　然而，當我們說：「A 是 B 的充分條件」，意思是說，如果有 A 事件的發生，則 B 事件一定會發生。也就是說，A 事件的發生，充分足夠包含了或是導致了 B 事件的發生。例如：有一天我們看到小王非常開心，後來聽說小王考試拿了滿分、中了樂透頭彩、夢中情人跟他告白，而且還得到了諾貝爾獎。這時我們可能會說，任何一個理由都足以讓他開心。也就是說，剛剛列出的那幾件讓他快樂的事，都是讓他快樂的充分條件。以邏輯式表達則是：

$$A \rightarrow B$$

（A：小王考試拿滿分〔或其他任何一個〕。B：小王覺得很快樂。）

從上面說明來看，或許已經有人可以看出在充分及必要條件中，彼此也有一個邏輯上的關係：「當 A 是 B 的必要條件時，B 就會是 A 的充分條件」。而且，兩個條件合起來可以稱為「充分且必要條件」。另外，當 A 是 B 的充分且必要條件時，B 也必然是 A 的充分且必要條件，其邏輯式可以用雙箭頭來表達。

$$A \leftrightarrow B$$

以上討論的是命題間的充分與必要條件關係，現在來看看概念間的充分與必要條件關係。例如：「燃燒」與「可燃物」之間就有一個必要條件的關係，我們可以用圖示來表達：

這是傳統人工智慧的語意網路（semantic network）表達方式，將兩個概念用一種關係連接起來，而在這個例子中，我們可以稱這樣的關係為必要條件的關係。也就是說，可燃物是燃燒的必要條件。

而充分條件的關係可以用下面例子來表達：

在這個例子中，因為「未婚」者一定是「單身」；所以，我們也可以說，未婚是單身的充分條件，我們可以用「一定是」這樣的關係，連結「未婚」和「單身」這兩個概念，當有了這樣的連結在我們的概念框架中，就可以依據這樣的框架思考問題。

二、因果關係：因果關係中的神祕力量是否真實存在？

因果關聯也是以描述兩個事件（命題間）的關係為主。例如：老王喝了酒還堅持要開車回家，正巧在路上又碰上一個突發狀況，如果是在平時沒喝酒的狀態下他可以避開，但由於酒精的作用，使其反應較慢，進而導致車禍發生。那麼，我們可以說，「老王喝酒」和「車禍發生」有因果關係。

在一個可被稱為因果關係的事件中，一定要能指出何者是「因」、何者是「果」。以這個例子來說，喝酒所造成的反應遲鈍是因，車禍則是果。因此，我們可以將這兩個事件以因果關係連結起來。

然而，一般日常生活中的因果關聯，事實上只是描述了兩個事件之間有一股影響的力量，這股力量使得被稱為原因的事件導致某個結果事件的發生，但並不表示這個稱為原因的事件必然能夠導致該結果。以上面的例子來說，喝酒反應變慢並不一定會發生車禍，只要沒有突發狀況發生應該就還好。所以，即使真的有因果上的關係，也並不表示這樣的關係是必然的。故在概念框架中，因果關聯並不一定同時是一種充分或必要條件的關係。

反之，充分或必要條件的關係也並不一定就有因果關係。例如：我現在正在家裡打這些字，由於目前正是酷暑，溫度可能已經超過攝氏三十五度，雖然家裡有冷氣機，但冷氣機剛壞，因此，我感到非常熱。在這個處境下，「冷氣機壞了」是「我感到熱」的必要條件，因為如果冷氣機沒壞，我就不會感到熱。但是，我的熱卻不是冷氣機壞掉所導致的，冷氣機損壞這個事件並沒有任何促使我感到熱的一股力量。因此，其中並沒有因果關係。

充分條件的關係看起來與因果關聯比較接近，例如：下雨是地溼的充分條件，而且下雨也是導致地溼的原因。但並非所有充分條件都會有因果關聯。例如：出生是死亡的充分條件，因為至少從目前人類社會與歷史來看，一旦有出生，就一定會有死亡。但是，出生並不是導致死亡的原因。

因果關聯也可以用概念來連接，例如：「受傷」和「痛」兩個概念之間有著因果關聯，我們可以將這樣的關係圖示如下：

在這個因果關係中,很重要的一點在於這兩個概念所描述的事物間有一股力量,使得扮演原因角色的事物促使扮演結果的事物發生。然而,這股力量是否真的存在呢?事實上,這在哲學史上有所爭議,因為我們完全無法觀察這股力量的存在。如同十八世紀英國哲學家休謨(David Hume)在《人類理智研究》(*An Enquiry Concerning Human Understanding*)所主張的:「對於那些被我們當作有因果關聯的兩個事件來說,我們事實上只能觀察到它們之間具有經常性的前後關係」。

　　簡單的說,因果關係是無法被觀察的,我們只能看到其前後關係。例如:假設某人開發出對某種疾病的特效藥,任何人有此疾病,只要吃下這個藥就會痊癒。這時我們就會認為,這個藥具有使這種病痛痊癒的力量,因此賦予它們一個因果關係。但是,我們事實上只能看到它們(吃藥和痊癒)之間前後發生的關係,或者最多還能提出一個為何如此的解釋理論,但無法直接觀察該力量的存在。這股力量事實上是我們在認知中賦予的,也就是我們給予這兩個前後發生之事件的一個因果假設。

　　那麼,我們就可以很好奇的提出一個問題,既然我們無法觀察到因果關係的存在,我們是如何建立以及產生這種概念框架的關係?在這個問題上,同樣是生活在十八世紀的德國哲學家康德(Immanuel Kant),在其著作《純粹理性批判》(*Critique of Pure Reason*)中有很好的解釋:「在我們的認知能力中,有一些先天的基本架構,我們藉由這些先天的架構當作一個模子去認識世界。」在哲學史上,我們稱這種看法為認知上的哥白尼式反

轉或哥白尼式革命。因為在康德之前，人們認為我們對世界的認識是被動地接收其對我們發出的訊號而產生的；但是，康德認為我們除了被動接收來自世界的訊號之外，還主動藉由一些認知的基本框架去構作知識。也就是說，以因果關係為例，這個世界說不定真的不存在因果關係；但是，我們認知中有因果關係的框架，我們藉由這個框架去認識世界。簡單的說，這樣的觀點就是把我們對世界的知識來源，從完全外來改成部分（甚至全部）由內部自己創造出來，這就好像哥白尼把我們觀察到的太陽繞著地球走，改成太陽不動而地球自轉一般，所以有這樣的名稱。

從康德的這個觀點來看，我們具有一些認識世界的基本框架，像是時間、空間、因果關係等，再藉由這個框架來把握世界。所以，有許多框架事實上是天生具備的。

現代美國語言學家瓊斯基（Noam Chomsky）所主張的天生通用語法（universal grammar）理論，更進一步主張我們天生的概念框架還有更多。他認為，人類天生就具有一些基本抽象語法規則的能力，用這樣的語法能力，我們才能學會以及創造出各種語言的複雜語法，而且只要有適當的語言環境刺激，嬰兒就能自動學會有語法規則的語言，這也就解釋了為什麼人類大都能自然學會語言，而其他動物無論如何都學不會像人類一樣有複雜語法結構的語言。

而且，由於瓊斯基認為所有人類語言的語法規則都有相當程度的相似度，而主張這種天生語法規則結構是共同且天生的，只是一些發展上的不同，導致不同語言語法在其演變的發展上產生差異，但基本上都源自於其假設存在的通用語法。

在前面我們已經談過，概念對應的就是語詞，而語詞之間的某些關係就是語法規則。因此，我們也可以推得，這些基本的

語法結構在思想上就成了概念的關係，亦即基本的概念框架。也就是說，從瓊斯基的通用語法理論主張許多概念框架是與生俱來的，我們的思維方式在很多方面是天生的，或許讓我們更能把握這個世界，其他缺乏複雜語言的物種就無法像人類一般思考這個世界。

　　但是，這也成為一種認知上的限制，如果這個先天的概念框架是錯的，無法正確對應這個世界，那麼，我們將永遠只能錯誤的理解這個世界。因果關係也是一樣，如休謨所言，我們無法證明因果關係這種概念框架真的可以正確對應外在世界，但由於我們對萬事萬物的理解高度依賴因果關係，如果外在世界真的不存在因果關係，或者真實的因果和我們天生的概念框架不同，那麼，我們勢必將誤解這個世界。既然如此，從人生哲學的角度來看，在某些沒必要（甚至有壞處）的狀況下，就無須執著於任何因果上的知識了。

三、從屬關係：什麼是「素食的荷包蛋」？

　　簡單的說，從屬關係就是某概念 A 所指涉的領域，被另一個概念 B 完全包含。這時我們就說 A 從屬於 B。例如：「草」這個概念所指涉的東西，全被「植物」這個概念所指涉，那麼我們就可以說，「草」是從屬於「植物」。當從屬關係應用在科學上時比較沒有爭議，因為這只不過是分類上的定義而已，它沒有錯誤的可能性。如果今天發現一株會跑會跳的草，完全不符合傳統對植物的定義，那麼我們幾乎不會說這個草不是植物，而會說這個像草的東西不是真正的草。除非我們修正對「草」以及「植物」的定義，否則這種科學定義下的從屬關係基本上是不會錯的。

　　但是，日常生活中許多概念間的從屬關係就沒有這麼明確了。例如：何謂「素食」？素食的基本定義很簡單，就是非肉類。但是，其中有些爭議之處，例如：「蛋」算不算是一種肉呢？

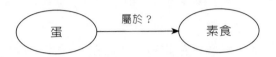

有些宗教或社會團體主張：「吃素則不能吃蛋」，有些則主張：「蛋也算是素食」。甚至有某些團體認為，吃素的人也不能喝牛奶，但有些人認為可以。亦有一些團體認為，凡是刺激性食物，像是蔥、蒜等，也都算是葷食，甚至主張水中魚蝦不算葷食。

　　也就是說，「素食」這個日常用語與其他概念的從屬關係，在大眾心中不太一致，這樣的不一致則容易產生誤解。例如：有一天，一位吃素的朋友阿牛在早餐店點了一個荷包蛋，他跟老闆說：「老闆，麻煩幫我煎一個素食的荷包蛋。」由於那間早餐店並非專門的素食店，老闆對各種素食定義可能並不熟悉，所以，他可能會當場愣住不知如何是好。更糟的是，老闆可能誤以為這個客人是來找碴的。

　　這個句子事實上在日常生活中有許多解讀，第一個解讀是，這個顧客真的是在開玩笑，因為蛋是葷食，沒有所謂素食的蛋。第二個解讀是，市面上有所謂素雞、素鴨之類的食品，可能現在還有所謂的素蛋。這是一般大眾最有可能的兩個基本解讀，其他解讀就須對素食有一些認識。第三個解讀是，這個素食者可以吃蛋，但不能用豬油、牛油之類的油品去烹調，而且可能也不能加蔥或蒜等。這樣的解讀最有可能是說話者的原意，但是，在日常生活中這是不易溝通的說法。

　　這裡我們可以發現，阿牛和老闆在「素食」這個概念框架上有一些不同認知，尤其在從屬關係的連結上不同，阿牛與素食團體間對於素食的概念框架是相同的，這樣的框架在他們團體之間溝通使用，久而久之也形成習慣。而概念框架形成之後，對於「何為素食」也漸漸有了理所當然的看法。這種理所當然的看法，就是源自於本書所說的，在思維背後操控我們思考的黑手所造成，它在我們不知不覺中運作。所以，對阿牛來說，「煎一個素食的蛋」實在是一個很清楚明確的說法。但是，反觀早餐店老闆對於阿牛這個團體關於素食的概念框架並不熟悉，以他個人對「素食」的概念框架來解讀阿牛的說法就變得很奇怪，因而無法真正理解阿牛到底要什麼。如果這時阿牛很理直氣壯的認為，老闆怎麼連這點常識都沒有，或是老闆認為阿牛在找碴，那就會造成誤解與不必要的衝突了。

　　這種由概念框架中從屬關係不一致所導致的誤解，有時很難發現。例如：朋友之間互相認為可接受與較不可接受的行為；怎樣算是有禮貌和沒禮貌；不同社會文化下長大的人有不同觀點；這些都形成不同從屬關係的概念框架，而我們幾乎無法完全把握各個細節部分。這也是為什麼人際關係會複雜到讓人難以掌握，當我們面對不同的人，卻使用相同的處事方式，通常會有完全不同的反應；因為對方套用了不太一樣的概念框架在跟我們互動，而我們也套用了不一樣的概念框架在跟別人互動。愈是覺得自己的概念框架很正確，在人際關係中就愈少彈性，也就愈難與各種不同類型的人相處。

　　因此，在日常生活中，當我們認為某件事情是理所當然的，但被質疑時，卻又一時無法解釋清楚，通常就是長期被這個思維黑手所掌控、所造成的一種現象。要清楚抓出這個黑手，就

一定要回到概念框架上去尋找。找到後就可看清自己的思路，也就愈不會受這種黑手推理所控制。

四、聯想關係：為什麼人們覺得吃狗肉很噁心，吃豬肉不會？

許多人無法接受吃狗肉、貓肉，就算勉強吃，也一定會覺得很殘忍、很噁心。但是，如果是豬肉、牛肉則覺得很美味。為什麼會這樣呢？一般解讀是說，因為貓狗是人類的好朋友；或者貓狗本來就不適合被吃，這是人的天性。然而別說吃貓肉、狗肉，如果一個人從小習慣吃人肉，我想，這個人一定也會一想到人肉就覺得很美味吧！其中最大的差別，應該就在其聯想上的不同。

當人們從小吃豬肉、牛肉時，根本不會去想那些活生生的動物，甚至許多人根本也沒見過真正的豬和牛。所以，當我們想到豬肉和牛肉時，我們腦海裡的畫面是盤中烹煮好的食物，並且伴隨著香氣及其美味。但是，大多數人沒有吃過狗肉、貓肉，而經常見到的則是活生生的狗和貓，所以當我們想像吃貓肉、狗肉時，畫面則是把那些活生生的貓狗殺來吃。這樣的畫面怎能不令人感到殘忍、噁心呢？

然而，對於從小就沒吃過肉的人來說，如果在生活中經常見到活生生的貓、狗、豬、牛，甚至從小和牠們一起玩，對這樣的人而言，想像吃這些動物應該是一樣殘忍噁心吧！在鄉間，許多人不願意吃牛肉，除了感恩之心以外，一樣由於經常接觸而有著不同的聯想在腦中作用。不同的生活經驗，產生不同的聯想，而這些不同的聯想，也就導致不同待遇的發生。

在日常生活中，大多數的事件與概念可以用來聯想另一個事件與概念。例如：「玻璃瓶」會聯想到「易碎」；「豬」聯想到

「髒」或是「養殖業」；而「哲學」會直接聯想到「很難」、「高深」，或是「無聊沒用」。這樣的聯想關係，通常都由其他關係所導致，就像冬天容易聯想到凋零與死亡，那是因為冬天確實是植物凋零的季節，而凋零與死亡較為接近。

但有時某些聯想關係並沒有除了聯想之外的其他關聯性。例如：「浴室」聯想到「搶劫」，這兩個概念之間幾乎可以說沒有任何關聯，但某人可能看過一部令其印象深刻的電影，這部電影的搶案發生在浴室。因此，他只要看到浴室就會想到搶劫。所以，聯想關係的形成，未必在其概念的原始意義上需有任何關聯，無論原本有怎樣的關聯或甚至沒有關聯，都有可能在概念或命題間形成聯想關係。類似這種現象很容易出現在恐慌症患者身上，如果有一天患者在地下室恐慌症發作，之後可能就會開始對地下室感到恐懼。

當然，如果原本的關聯愈是密切，則愈容易形成這種聯想關係。對於那種原本無關聯的概念或命題想要造成關聯，則須依賴一些特殊環境的刺激。在心理學上的制約式學習就可以將兩種完全不同的概念或事件連結起來，形成一種聯想關係。以俄國生理學家巴夫洛夫（Ivan Petrovich Pavlov）於 1928 年的實驗為例，他在小狗看到食物前先搖鈴，久而久之，當小狗聽到鈴聲就會聯想到食物而流口水。鈴聲和食物這兩種本來無關的經驗，在進行這樣的結合後，便產生了關聯。[1]

而在我們日常生活中，也有許多制約造成的聯想學習。例如：小孩幫忙做家事有糖果吃、做錯事則被打。用這些制約方式來操縱小孩的行為，效果應該不錯；但卻也可能在無形中學到

---

[1] 請參考（梁庚辰 1998）。

「幫別人忙就必須得到回報」，以及「別人犯錯就應該打他」的價值觀。這些價值觀也可能會形成其部分的概念框架，如果在教育上不留心，這些價值觀與概念框架有可能會導致不良結果。例如：妹妹不聽話姊姊就打她，或是在學校幫了老師一點小忙但沒有獲得回報，就認為自己受了委屈。

由於這種制約式的學習是一種本能性的學習，所以，在日常生活中我們不知不覺就被這樣的學習給制約了。例如：嬰兒在感到不舒服的時候會本能性的大哭，而且，當嬰兒哭的時候，大多數父母會立刻趨前查看有什麼問題。久而久之，嬰兒學會了用哭聲來召喚父母，甚至在某種程度上操控父母。等到嬰兒到兩、三歲開始有各種要求的時候，就可能會用哭聲讓父母煩得要死。所以，有人建議偶爾不要理會嬰兒的哭聲，以打破這種「哭聲與父母前來」的緊密連結。不過，這個建議應該是很有爭議的。因為，這種連結應該也同時會讓嬰兒感到被關心、被愛，而這對無法走動且完全需要仰賴大人的嬰兒來說，或許是非常重要的內心需求。雖然這個連結可能會導致未來產生一些麻煩，但只要當作是一個成長過程，等到他們可以用語言溝通後，再來打破這個連結或許也還來得及。

對於有養寵物的人來說，也需要藉由這種連結來教導動物們。例如：如果不准貓狗爬上餐桌，那麼就必須在貓狗爬上餐桌的當下給予處罰。讓牠們建立一個「爬上餐桌→被處罰」的聯想，這樣牠們以後就不敢再爬上去了。不過，處罰的時機很重要，如果寵物下來之後才被處罰，那牠們學會的就不見得是這個連結了。

以學英文為例，從小開始讀英文時，可能因為沒有好的老師或是自己比較不用功，而一直產生學不會的挫折，甚至導致考

試考不好而心情很差,漸漸地,「讀英文」和「心情差」就結合在一起,形成一種聯想關係。每當想到英文或看到英文心情就很差,這樣的情況會讓人以為自己不適合讀英文、沒有語言天分、或是本來個性就對英文沒興趣,但事實上可能根本就只是被這種概念框架中的聯想關係所制約。

類似的現象有很多,以髒話來說,英文的髒話在我們的感覺上似乎就比中文來得「不髒」,有些用中文難以啟齒的性暗示,用英文 sex(性或性交的意思)來表達就比較容易。[2] 有一次,我和一個也是臺灣留學生的女性朋友在美國一個小車站等火車,我們用中文交談,談到一些跟性相關的話題。實際上我們聊的是個很嚴肅的話題,只不過因為兩人不是很熟且是異性,所以談到與「性」相關的字眼時,會不知不覺的自動變成英文,因為感覺比較不這麼尷尬。但聊了一陣子,發現旁人都在看我們,因為雖然他們完全不知道我們在說什麼,但卻聽到「sex」這個對他們來說很敏感的英文單字不斷出現。

我們日常生活認知中有許多聯想式的制約,有些可能是好的,例如:常常獲勝的人就喜歡競爭;而有些則是無傷大雅的,例如:聽到雞啼就會起床。但有些卻容易產生有害的判斷,我們最好將其找出來,以免導致不良後果。

事實上,我們也可以藉由建構聯想式關係的概念框架來培養興趣。例如:喜歡玩線上遊戲,但覺得自己不該玩,應該把時間花在多讀英文上,卻又不想讀。那麼就規定自己如果讀一小時英文,可以玩一小時線上遊戲當作獎勵。一旦很想玩線上遊戲,就

2　英文的「have a sex」就是性交的意思,半譯成中文就變成「有sex」,這樣的說詞比用其他中文相關字眼感覺上會含蓄很多。

只好乖乖去讀英文，久而久之，讀英文後有線上遊戲可以玩，則會形成新的聯想關係而開始喜歡讀英文。

從這種由制約產生之概念間的關聯來看，我們會發現，每個人由於生活經驗的不同，而可能產生不同概念間的關聯。因此，每個人的概念框架在許多部分會因人而異。也就是說，日常生活中，當我們跟人說話時，雖然使用的語詞是相同的，但事實上，或多或少由於其概念框架的不同，意義也會有所不同。這個情況常常會是誤解的關鍵因素，而且由概念框架部分不同所導致的誤解，基本上是很難發現的。誰知道這些東西對你來說有那種奇怪的聯想呢？有時甚至連自己都搞不太清楚，那就更別說是他人。舉例來說，我發現很多人不太能接受別人反駁自己的觀點，甚至提出質疑都很難接受。他們似乎把「否定我的觀點」和「否定我」關聯起來了，所以在討論問題時有很強的抗拒力。以我習慣採行客觀討論問題的方式跟人談話時，常常發現別人莫名其妙生起氣來，後來才慢慢發現還有這樣的連結。

所以，當我們覺得別人有些想法、習性、在意的事情、恐懼的事物等很莫名其妙的情況時，不要立刻覺得「這個人很莫名其妙」，因為每個人有不同的生活經驗，在這些不同的生活經驗中，形成各式各樣不同的制約概念框架，常常連自己都不太清楚它們的存在。因此，在找出這些概念框架並破除它們之前，每個人都有一些莫名其妙的思維。當我們嘲笑別人那種莫名其妙的想法時，好像別人都很不正常，只有自己是正常人；這樣的思維單純來自於看不見自己的這一面而已。

社會心理學的研究發現，人們在經過教堂或是廟宇時，較易產生捐錢或是施捨行為（Aronson, et. al., 2010）。從概念框架的聯想關係來看，這些宗教場所較容易讓人產生「神明」的聯

想，這時下意識自然會覺得有神明在觀察自己的行為。這種情況會讓人不由自主地想要捐錢，以及引發同情心而施捨給需要幫助的乞討者。但多數人不會感到這個概念框架的作用，也因為這樣，這種作用力會很強。如果我們可以看見這種概念框架的作用，許多人便會自然地去抵制它。例如：在臺灣夜市常會見到很可憐的乞討者，拿著神像或是播放著宗教音樂，希望藉此產生類似效用，但往往效果不佳。主要差別在於，這樣的行為讓人感覺到是刻意要操控別人，而由於大多數人不願意被這種方式操控而產生反彈心理，因而導致更糟的局面。這也是為什麼在廣告效果方面，隱藏的置入性行銷（感覺不到那是廣告）比明顯勸人購買來得更為有效，並顯示出概念框架躲在幕後作用的可怕之處。

五、動機與目的：買滅蚊燈不是為了殺蚊子還能為什麼？

　　有些概念之間的關係是跟動機、目的或是功能等相關的。簡單的說，當我們想到一個概念或是一個命題時，我們很容易就會想到「為什麼？」或是「做什麼用？」也就是會聯想到其連帶作用；我們將這種連結統稱為動機與目的的關聯。

　　例如：「戀愛」的概念在動機與目的的關聯上，會連結「結婚」或是「幸福」。一個舉動與其目的，或是較容易被這個舉動造成的各種狀態之概念，及此舉動的概念之間，有著因連結而形成部分的概念框架。這樣的連結不必然是一個舉動，一個有特殊功能的物品，也能產生這樣的連結。例如：「滅蚊燈」這個概念就會關聯到「殺蚊子」。如果有個朋友小王跟你說：「我昨天買了一個滅蚊燈」，那麼，你可能會問：「你家蚊子很多嗎？」或是問：「你要殺哪裡的蚊子？」但你不會問：「你買這個東西做什麼？」因為，在一個概念框架中，「滅蚊燈」的功能與「殺蚊

子」這樣的概念或是命題，已經有著緊密的關聯，只要一想到「滅蚊燈」，就會想到「殺蚊子」。因此，在不需要進一步確認的情況下，我們思維背後的黑手會自動幫我們推理。所以，我們自然而然會「知道」買滅蚊燈是做什麼用，而會問的問題只是「蚊子很多嗎？」或者，如果知道他家沒蚊子，那麼可能就會問：「要殺哪裡的蚊子？」

然而，假設這個買滅蚊燈的朋友小王給了一個不符合預期的回答，他說：「都不是，我是為了幫助別人才買的。」聽到這個回答，你可能會覺得莫名其妙；因為你的概念框架一時難以從「滅蚊燈」構作出這個解答。所以，看到你一臉狐疑的小王接著解釋說：「是小明知道我要逛大賣場，而要我順便幫他買的。」那麼，你就了解了，也就會轉而想到原來是小明想要殺蚊子而不是小王。

原先當我們知道小王買了滅蚊燈時，我們不預期是別人請小王幫忙買的，因為感覺上這樣的事情其實不常發生。在我們的印象中，會買滅蚊燈的人，都是買來自用的。所以，「滅蚊燈」這個概念框架裡，與「別人幫忙買」這種概念與命題的關聯很微弱，我們不會很快地有這樣的聯想。但是，當我們聽到這樣的回答時，卻也很快地可以理解與接受。因為在「商品」的概念框架中，只要是商品都可能幫別人買，而「滅蚊燈」與「商品」有著從屬關係。所以，我們很快地可用這個框架來理解這個回答。

依據這樣的對話，我們可以有另一種設想。假設聽到小王買了滅蚊燈的小花是個對殺生有著極為負面感受的人，當小花知道小王買了滅蚊燈，直接聯想就是小王要用滅蚊燈傷害生命，因此，小花對於小王的印象就會變差。如果小花將其不滿的想法說出來，或許可以澄清這個誤解，小王就會解釋不是自己要用的。

但是，小花可能因為自己常常被批評愛護生命過頭而不願再多說什麼，或是因為禮貌而不想多說什麼，但原本互有好感的兩人就因為這個沒有解開的誤解而產生芥蒂，甚至導致兩人後續就不了了之。

從這個例子我們可以看出，概念框架的形成讓我們在溝通上省去很多麻煩，但是，卻也因為概念框架所導致的自動推理，而產生許多理所當然的連帶想法，進而可能造成誤解。而且，更糟糕的是，當小花對小王產生負面感受的當下，她自己未必會發現，但這樣的觀感還是會繼續存在。有一天，當這樣的負面觀感發酵到小花發覺自己已經不太喜歡小王時，她可能還未必知道是什麼原因造成的。因此，誤解也難以消除。

在概念框架的動機與目的連結中，有許多並不像「滅蚊燈」與「殺蚊子」這麼直接明確，有些比較模糊，甚至隱晦不明而難以覺察。更糟的是，有些連結是因人而異的，這就更容易造成溝通上的誤解。例如：在美國有個人扮演大鳥的樣子主持一個兒童節目，這個節目也有中文版，在臺灣大家都稱其為「大鳥姊姊」。有一天我在朋友家看到有個認識的女生正在看該節目，我就自認很幽默的說：「妳在看大鳥婊子喔？」後來我才發現，我自認的幽默完全沒有達到效果，還讓對方氣了很久。後來仔細思考，我發現「婊子」這個概念對我以及很多男人來說，是個可以用來開玩笑的幽默概念，但對某些女性來說，卻是個充滿侮辱而不能用來當作玩笑的概念。

也就是說，在我關於「婊子」的概念框架中，其中一個動機與目的的連結是「開玩笑」，但是，對於某些女生來說，其概念框架則沒有這樣的連結。當我們的概念框架不同時，則個別擁有自己的黑手推理。她認為我不尊重女性；而我認為她開不起玩

笑。而且麻煩的是，我們不會把這個思維背後的想法說出來，那麼，誤解就會產生而可能彼此都不知道。

另一個連結隱晦且因人而異的好例子是「下雨」。「下雨」這個概念的框架，依據每個人不同的生活經驗而有不同的連結。例如：臺灣南部冬天很少下雨，下雨大多是在炎熱的夏天，只要下了雨，天氣就會變涼。所以，在下雨所產生的功效上（我們也可以把這種功效上的連結統稱為動機與目的的連結），「下雨」這個概念與「使炎熱夏天變涼」有著緊密連結。反觀北臺灣的下雨讓人最直接聯想到的就是冬天的綿綿細雨，這種雨常常下個沒完沒了，使得天氣又溼又冷，很不舒服。所以，對於生活在這種環境的人來說，「下雨」這個概念框架與「使冬天更溼更冷」有著強烈的關聯，如果光是從這個差異來看，我們不難發現多數北部人討厭下雨，而南部人對下雨的印象則好很多。

但是，當兩者都用「下雨」表達個人想法時，因為其概念框架不同，真正要表達的也不盡相同。而且，當我們考慮更多因素時，例如：喜歡穿短褲、拖鞋的人比較不會討厭下雨，喜歡穿正式服裝的人會因為下雨而不方便；開車族比較不怕下雨，而機車族會因為下雨而感到困擾。當我們把種種因素考慮進去後，「下雨」這個概念所產生的連結就會變得更為複雜，而形成很不相同的概念框架。當我們依據自己的概念框架討論喜不喜歡下雨時，可能談論的重點都不同。

當別人說不喜歡下雨時，我這個南部人直覺感到奇怪，這種使天氣變涼的情況有什麼不好？而當我說喜歡下雨時，別人可能覺得我這個人喜歡又溼又冷的天氣真是奇怪。當我們因禮貌而不深究細節時，誤解自然會出現。由此也可看出，在人與人之間的對話中，由於彼此套用不同的概念框架，而且概念框架在許多部

分往往很難說清楚，在這種情況下，想要完全避免誤解還真是困難。

六、蘊涵關係：偉大哲學家容易偏頭痛，所以有偏頭痛的人容易變成偉大哲學家？

蘊涵（implication）關係跟充分條件的關係類似，但主要在於命題間的關係，而不是像充分條件一樣主要在於概念間的關係。這個關係是後天理性思考所建立起來的，屬於一種邏輯關聯。以英文大寫符號來表達一個命題時，如果「當 P 命題為真時，Q 命題一定為真」，那麼我們就可以說，P 命題蘊涵 Q。[3]

以日常生活的例子來說，假設 P 命題指的是：「蔡英文女士是總統」；而 Q 命題代表：「蔡英文女士擔任公職」。在這樣的情況下，如果蔡英文女士真的是總統的話，她就一定擔任公職。意即如果 P 為真，則 Q 必然為真；這麼一來我們就可以說 P 蘊涵 Q。

上面的例子或許會引起一點小小的誤會，認為 P 必須為真（亦即一定要是事實），然而，P 不一定要為真。例如：如果我們把上面的命題 P 改成「冀劍制先生是總統」；而 Q 則為「冀劍制先生擔任公職」。事實上（至少在目前我打這些字的時候來看），P 與 Q 都是錯的，但是，如果 P 為真，則 Q 還是必然為真。那麼我們還是可以說，P 蘊涵 Q。這種邏輯的關係主要是看命題之間的關聯，而不是看它們個別的真假。

然而，並非所有的蘊涵關係都可以自然建構在整個概念框架之中，當許多命題組合成更大的命題時，它們之間的蘊涵關係就

3　在邏輯學的討論中，「蘊涵關係」牽涉到許多問題，而且可以區分成很多類別。因為本書針對日常生活中的概念框架，所以在此也僅針對日常生活的用法來舉例。

不這麼明顯了，這就需要有更強的邏輯直覺，才能看出它們之間的蘊涵關係。

　　例如：「如果小王是賊，則他一定偷過東西。但是，小王的媽媽堅持認為小王不會去偷東西。可是茶葉店老闆說，小明和小王來過後就掉了東西，所以他們兩個人之中，至少有一個是賊。假設茶葉店老闆和小王的媽媽至少有一個是對的，而且如果小王的媽媽是錯的，則茶葉店老闆也是錯的。」請問上面這段話是否蘊涵「小王不是賊」呢？答案是「有」。你看出來了嗎？邏輯好的人或許還可以理解。當然，問題若更複雜，就可能需要藉助紙筆做邏輯計算了。

　　然而，更糟糕的是，我們自然而然會建構出錯誤的蘊涵關係。例如：我最近常常會偏頭痛，一個朋友告訴我：「聽說歷史上偉大的哲學家都有偏頭痛的困擾」，我聽到後覺得：「嗯，原來如此。」這個「原來如此」在我的思考裡運作的是，「原來我也和歷史上偉大哲學家一樣用腦過度，以致有偏頭痛。」在這個蘊涵關係中，有三個命題加起來蘊涵了一個命題，我們把這三個命題稱之為前提，把被蘊涵的一個命題稱之為結論，那麼，我們將其臚列如下：

　　　　前提一：歷史上偉大的哲學家都有偏頭痛的困擾。
　　　　前提二：歷史上偉大哲學家的偏頭痛困擾來自於用腦過度。
　　　　前提三：我最近常常會偏頭痛，而且我是念哲學的容易用腦過度。
　　　　結論：我也和歷史上偉大的哲學家一樣用腦過度，以致有偏頭痛。

這種類似的推理，在日常生活中常常會出現，但是，這種推論的前提事實上並不蘊涵結論，主要問題在於日常生活中，我們常常會從 P → Q 推出 Q → P，也就是說，我們常常誤以為 P → Q 蘊涵 Q → P。

舉例來說，我們知道當下雨的時候地就會溼，而當我們看到地面溼的時候，就自然而然地以為下雨了，這也是錯誤的蘊涵關係，但是在我們的日常思考中，卻很自然地會在這種情況下去建構這種關係。又例如：我們知道，當政客想要作秀出名時，他們就會下鄉視察災情。因此，當我們看到有政治人物下鄉視察災情時，就會覺得他們是在作秀。而事實上，這兩者之間沒有蘊涵關係。也就是說，當前者為真時，後者未必為真。

當歷史上偉大的哲學家有偏頭痛問題時，並不是每一個有偏頭痛的人都和歷史上偉大哲學家一樣有著相同原因所造成的。然而，在人類的思考中，我們卻自然而然地會形成這樣的概念框架連結。

這種類似的錯誤思考，在邏輯上稱為謬誤，其種類很多，若想預防自己依據謬誤而造成錯誤的概念框架，就必須熟悉各種謬誤類型。[4] 在心理學上也有許多這方面的研究，這些研究主要是想找出人類非理性的思考因素。[5]

七、經常性伴隨出現的關係：單獨在黑夜山中森林迷路時，感到某種東西會出現？

在日常生活的概念框架中，有一種概念的連結與聯想式的關

---

[4] 關於日常生活中經常出現的各種謬誤型態，請參考《邏輯謬誤鑑識班》（冀劍制 2010）。

[5] 請參考（Devlin 1997; Buchanan 2007）。

係非常類似，但在前面討論到的聯想式之關聯中，存有出現的順序，當 A 出現後會讓人聯想到 B。但在這裡要討論的是，屬於經常性同時伴隨出現的關係。也就是說，當 A 出現時，通常 B 同時也會出現，反之亦然。從心理層面來看，這是一種互為聯想式的關係。

當某些概念所指涉的事物通常會伴隨著出現時，我們看到其中之一自然會聯想到其二。例如：電腦螢幕、主機、鍵盤以及滑鼠通常是一起出現，當我們看到其中一個時，便會聯想到其他。當我們在聽鬼故事或是觀看跟鬼怪相關的電影時，常常伴隨出現的場景是：荒野、樹林、黑夜以及落單的時刻，這些故事和影片在無形之中建構了經常性伴隨出現的關係。所以，當我們有一天登山迷了路，而且脫隊落單，天空逐漸變暗又走入荒野樹林裡，由於在我們的概念框架中，與這些東西一起伴隨出現的是「鬼」，這時就會開始感到四周鬼影幢幢。

即使理智不斷說服自己這些都只是虛構的故事，但由於概念框架的運作是自動的，當幕後黑手操控思想時，只要出現這些引發性的概念，我們心中自然而然就會出現關於鬼的概念與想像。雖然這時我們非常需要冷靜面對危險的環境，但卻產生了關於鬼的想像，反而加深處境的劣勢。這種藉由虛構小說、電影情節所伴隨產生的概念框架對我們的生活來說，事實上是有害的，只不過平時感受不到這個害處。

然而，如果鬼真的存在而且也會害人，且出現時機和電影、小說描述的差不多，那麼，這個「正確的」概念框架會是一個好的概念框架，因其會讓我們提高警覺。就像與「山區」、「草叢」一同伴隨出現的概念是「毒蛇」，當我們進入山區草叢時，就會聯想到「毒蛇」的出沒，這樣的直覺聯想有助於我們提

高警覺，預防被毒蛇咬到，因此這種概念框架就是有價值的。

　　其他像是「喝酒」、「開車」和「車禍」的伴隨關係也很有意義，如果社會教育能讓這種概念框架建構在大多數人的自然聯想中，則喝酒開車的人數一定會大量減少。

　　但是，許多虛構電影與小說卻建構了很多會對我們生活帶來麻煩的錯誤概念框架，而且，由於這些概念框架的運作往往在我們沒有意識到的幕後操控著我們的思維，有時就算發生問題還不自知。例如：「抽菸很酷」這個概念框架，其實真正酷的是電影中抽菸人物的長相和被虛構的性格，但由於伴隨著其帥帥的抽菸舉動與情節，無形中把抽菸和很酷關聯在一起，這會導致許多人在抽菸時，誤以為別人會覺得自己很酷。但事實上，討厭抽菸的人通常比覺得抽菸很酷的人還要多。廣告商們常利用這種無形的連結來推銷產品，民眾也常在不自覺的狀態下受到影響與利用。

八、整體與部分的關係

　　有些概念之間有著部分與整體的關係。例如：「原子筆」可視為一個整體，而其「筆心」則是這個整體的一部分。「單人沙發椅」是整個「沙發組」的部分；「狗頭」和「狗尾巴」則是「狗」的部分。

　　上面這三個例子，顯示出三種不同整體與部分的關係，傳統上原子筆一定要有筆心，沒有筆心則不可能有原子筆，但是，這樣的組合卻可任意分解再重組，甚至筆心還可以單獨使用。而單人沙發在沙發組中雖是常見的一個部分，但卻不一定會出現，即使沒有單人沙發，也可以有沙發組；而狗頭和狗卻是不可分割的關係。這三種不同整體與部分的關係，各自形成了概念框架在日常生活中被使用。

　　在電腦人工智慧針對人類知識庫的建立問題上，常常提出一個有趣的問題：「當小明帶狗出去散步，是否有把狗頭一起帶出去呢？」[6] 這個問題有趣的地方在於，從小到大從來沒有人教過我們這個知識，甚至從來沒有聽說過這樣的問題，但是卻不太可能有人會答錯這個問題。也就是說，我們都知道這個問題的答案，而且，除非有人問我們，否則我們都不知道自己具有這個知識。為什麼會這樣呢？在人工智慧領域，我們稱此為背景知識（background knowledge）的問題；也就是說，我們在日常生活中學會了很多自己都沒有發覺的背景知識（Field 1988; Minsky 1968）。這樣的說法看似很玄，但只要我們從概念框架的角度去思考，就會豁然開朗了。

　　背景知識其實就是概念框架的某些部分，概念框架的許多部分藉由日常生活中的經驗，在我們不自覺的情況下自動建構起來，當我們去思考某些問題時，一個概念的出現就帶動了整個概念框架一同出現，而概念框架中的連結，就帶給我們平時都沒有發現到的各種知識。由於這些知識通常在我們不自覺中自然運作，而且常常是我們做推理的隱藏前提，甚至是理解事物的基礎，因此我們就稱其為「背景知識」，彷彿是讓我們的知識有個背景而能更清楚的呈現出來般。

　　從這個例子我們也可以看到人類這種思維方法的危險性，因為許多概念框架並非是在我們理性監督下完成的，而且概念框架

6　2022年由美國OpenAI所推出的最新人工智慧對話程式「ChatGPT（Chat Generative Pre-trained Transformer）」已能建立好整體與部分的關係，可以成功回答這個問題。但仍無法適當回答「請問我要怎樣才能把狗頭帶去散步而狗毛留在家裡？」以及「請問我要怎樣才能把狗牙齒帶去散步而狗尾巴留在家裡？」該程式似乎還沒分辨好有些整體與部分的關係是可以分割的。

形成之後，會自然而然地成為我們的思考工具，如果這種自然形成的概念框架是有問題的，那麼等於是在知識的基礎層面有著令人難以覺察的問題擾亂著我們的思考，這也是許多思考問題難以克服的地方。當自己發現經常做出錯誤推測或是誤解別人時，非常大的可能性是具有許多錯誤的概念框架在幕後運作。如果能夠一個一個把它們挑出來重新思考，就可以讓這些概念框架攤在意識監督的陽光下運作，自然就能避免再度落入思維陷阱。

九、狀態賦予

　　一個概念所描述的事物，可以有一些不同的狀態。例如：這張桌子壞了。「壞了」是一種狀態，我們可以把這種狀態賦予到「這張桌子」上。而這些不同狀態或強或弱的跟這個概念有了狀態賦予的連結，就像「人」這個概念可以被賦予許多情緒，像是「生氣」、「快樂」、「昏迷」等。

　　而個別人物也能有這樣的連結且因人而異。舉例來說，小花在我跟她的相處中，經常出現脾氣暴躁的狀態；因此，在我的概念框架中，「小花」這個概念（這個人名所指涉的人，在我思想中的心理表徵）與「脾氣暴躁」這個概念的連結就會很強，只要想到小花，就會想到她的壞脾氣。在這種情況下，如果有一天小花說她結婚了，那麼在我的思想中與「小花」相關聯的概念框架作用後，自然而然的聯想就是她跟先生吵架。而如果有一天聽說她生小孩了，這個概念框架就會讓我聯想到她打罵小孩。

　　事實上，這些聯想可能都不會發生，因為她平時脾氣暴躁的原因，說不定就是感情不穩定造成的，而結婚後可能就完全不同了。但是，這種概念框架一旦形成，我們就會自然產生那些聯想，即使理智上知道她的壞脾氣只是由於感情不穩定導致，我們

的直覺性聯想還是一樣會運作。雖然一個好的邏輯思考者可以在不受這種偏見影響下推理，但是，這也僅限於在刻意理性思考時才有用，如果沒有刻意如此思考，則想法必然會受到概念框架的影響。

在這種狀態賦予中，一個人的生活經驗自然就會成為各種狀態連結強弱的主要根據。例如：如果一個人過去運氣一直很差，在其概念框架中，「自己」以及「運氣差」的連結就會很強；當他的思考受制於這種概念框架時，如果他正在做一件需要運氣的事情，便傾向於覺得自己會因運氣不好而失敗。然而，運氣好不好事實上應該是隨機的，至少目前沒有任何證據顯示運氣好壞會因人而異，多數人理性上也應當這麼認為；但是，概念框架的形成與運作卻不依據理性。

一個概念的狀態賦予有許多可能性，但某些狀態與某些概念則幾乎是沒有聯繫的。例如：我們平時不會把「狗」和「故障」這兩個概念用狀態賦予的方式連結起來，因此我們不會說：「小黃故障了」（小黃是以前房東家小狗的名字）。但是，兒童的概念框架卻有可能將其關聯。例如：三歲的小嵐看到一個東西不會動了，這樣的狀態被大人稱為「故障」，多次之後，其思維中「故障」的概念便會自動與不會動的東西連結起來。有一天，他看到小黃生病不會動了，自然脫口而出：「小黃故障了」。這時大人們可能會覺得小嵐很可愛，或是很幽默，甚至是很有創意，但其實這只不過是其概念框架在學習過程中所產生的錯誤連結而已。

人們長大之後，概念框架逐漸成熟，這種可愛的錯誤言論將不再出現。同時，人們的思考也會在概念框架成形後被限制住。例如：十幾、二十年前使用過電腦的人都知道，想要順利開啟當

時的電腦外殼實在是一場惡夢，不同廠牌有不同的開法，而且全都很難開啟，就算勉強打開了，想要裝回去也是一件麻煩事。但是，當大家習以為常後，「電腦外殼」和「難開」的概念便緊緊連結在一起，進而成為理所當然的事；這種狀況經歷一、二十年之後，才慢慢有所改變。如果當時沒有形成這樣的概念框架，人們想要刻意去思考一個好開、好用的外殼，應該是很容易的事情，但概念框架的作用會減緩這種產品出現的時間。

另一個類似的例子是，過去的毛衣穿起來會有點刺刺的，久而久之大家習以為常，而且覺得毛衣就是要刺刺的。加上毛衣穿起來很溫暖，於是「刺刺的感覺」和「溫暖」形成一個連結，甚至還會覺得刺刺的感覺很好。直到近年來新製毛衣不再產生這種刺刺的感覺，這種連結才在概念框架中被消除。

制度方面也是一樣，臺灣人民大多對地方議會的爭權奪利、濫用職權以及效果不彰很不以為然，地方議會的存在對施政的壞處很可能大過好處，但為什麼沒人想過全面廢除地方議會呢？這個想法不通，主要是因為如此一來，地方政府便缺乏一個監督的角色。但真是如此嗎？中央政府不能監督嗎？或是不能利用網路達成全民監督的目的嗎？

由於概念框架的作用，我們很容易接受一些不好的事情，然後形成習慣，而且不會想去改變。在突破這種概念框架的慣性之後，便容易找出有價值、有創意的解決方法，甚至研發新的商業產品。例如：汽車喇叭的音量適用於交通繁忙的道路上，但在山區遇到自行車騎士時，聲音則會很嚇人，但大家都覺得這是無可奈何的事；那麼為何不加裝小聲一點的喇叭呢？

我們發現小孩通常比較有創意，我想這是因為概念框架尚未完全成熟的結果。例如：我的小姪女在三歲時喜歡「鋸東西」，

可能是因為她有一些塑膠鋸子玩具和黏土的關係。因此，在她的概念框架中，「鋸子」是可以把物品分成兩半的東西，顯然她對於把物品分成兩半有著無比興趣。有一天我跟她說，我有一個很可愛的玻璃杯，她的回答竟然是：「給我，我要鋸它。」這種說法聽起來很有創意，那是因為我們使用自己已經成熟的概念框架來看這個說詞。對於成人的概念框架來說，「玻璃杯」和「鋸」這兩個概念是沒什麼關聯的，我們不會用「鋸」或是「可被鋸」作為一種「玻璃杯」的狀態賦予，因此，如果有人做了這樣的狀態賦予，在我們的思維中，則是跳脫概念框架限制的一種思考，所以可以稱之為有創意的思考。但是，對於三歲的小姪女來說，在她的概念框架中，任何物體都有「可被鋸」的狀態賦予連結，所以其思考也只是依據概念框架，而這就不能算是真正的創造性思考方式。

　　所以，許多兒童創意也只是沿著其概念框架思考，只不過其概念框架和成人不太一樣而已，但這並不是真正來自於稱之為創造性的思考模式。

十、價值賦予

　　除了狀態賦予之外，在日常生活中最常被賦予的是其與價值相關的衡量。有些概念本身就被賦予一些壞的價值，而有些概念則在日常生活中被賦予一些好的價值判斷。也就是說，一個概念在其概念框架之中，與某些好的價值判斷或是壞的價值判斷有著緊密連結。例如：「小偷」這個概念與負面評價有著緊密的結合，當我們要用「小偷」這個詞彙去描述一個人時，幾乎不可能是一個正面評價，也不會有被稱作小偷的人覺得別人在讚美他。所以，如果有人覺得當小偷很了不起，然後用「小偷」這個詞稱

呼一個偷了東西的人，即使這個概念在使用者的概念框架中是一個了不起、有正面評價的連結，但幾乎不會有人能正確理解他想表達的意思。就算他明說：「小偷真了不起」，人們也會覺得他說的是反話。即使我們學金庸小說《神鵰俠侶》中的覺遠大師，把不雅的「小偷」一詞改成很中性的「不告而借」，情況也並不會改善。因為「偷」和「不告而借」雖是不同的詞彙，但卻仍是相同的概念，其仍落入相同的概念框架之中，而被賦予負面的價值判斷。

然而，有趣的是，如果我們說一個人是「神偷」，這不僅完全去除了負面價值，而且新增了正面價值。主要原因在於，在多數概念上冠一個「神」字，就表示其技術層面神乎其技，用以讚美一個人的技術高超，而一個專業技術高超的人，基本上已經超脫出一個會被鄙視的小偷層次。在概念框架中，小偷之所以會被鄙視的主要原因之一，是其為了一些小東西、小利益而偷雞摸狗，這種行為是被鄙視的，而「小偷」這個概念與這種解讀有著緊密關聯；因此「小偷」這個詞彙總是負面的。然而，當我們用「神偷」來稱呼一個人時，首先強調的是其高超技術，也就是說，以描述高超技術的「神」這個概念框架，套入「偷」的概念框架之中，這樣就將其技術高超的部分突顯出來。另外，在這個「神」的概念框架中，當一個人屬於技術高超的專業人士時，他就不會再為了個人小利而偷雞摸狗，而在小說、電影或是傳說故事中的神偷，通常都是有俠義心腸的人。所以，當這個概念框架套入「偷」的概念框架後，就將原本具有負面評價的連結去除了。所以，留下的概念框架就不再有負面評價。

當然，概念框架會因人而異，如果有人讀過一個關於「神偷」的故事，這個神偷雖然技術高超，但是作惡多端，完全為了

自己的利益而不顧別人的損失；那麼在這個人的「神偷」概念框架中，自然就不會像一般人一樣沒有負面評價了。

對於一個念哲學的人來說，一個很有趣的價值賦予就是「念哲學的人」這個概念。在我告訴一個新朋友我是念哲學時，通常就會聽到他表達一些對「念哲學的人」的看法和價值賦予，他的觀點完全可以從其過去與哲學及哲學人的互動中看出。有人認為念哲學很了不起、很有智慧；但也有人覺得念哲學的人很怪、不切實際、會算命、自以為是、喜歡說人家聽不懂的話等，評論種類非常多。過去個人不同的生活經歷就會形成不同的概念框架，而以此概念框架來思考；但當遇見念哲學的人無法落入原本的概念框架，如果此人仍保留著一個「自己可能是錯的」這樣的生活態度，那麼其概念框架就會自動修改，或許會變得更加正確，否則可能就會認為新遇到的這個念哲學的人很會裝，也就會變成一個守著舊有概念框架不改變的死腦筋了。

概念的價值賦予比較可怕的部分，在於這樣的連結常常會被認為理所當然，有些人道德價值觀非常強，對於別人所做的任何具有負面價值的事都無法忍受。例如：聽到有人在圖書館說話就怒目而視，因為「圖書館」這個概念與「安靜」是息息相關的，所以對於在圖書館發出稍微大一點的交談聲就無法忍受。事實上，那樣的聲音出現在其他地方（例如：咖啡廳、火車站、甚至路邊），對他可能完全不會有任何干擾作用，但是在圖書館反而會造成極大困擾，這是概念框架作用的結果，真正干擾他的不是聲音，而是概念框架裡的價值觀，以及其強烈的執著。

只要我們把各種對於概念的道德價值賦予視為理所當然時，可能就會導致一些不良後果，而事實上道德可能也不過就是人們訂來互相不影響他人的條約而已，只要實際上沒有受到影響

或沒有什麼大的影響，我們大致上可以不用太理會他人對於道德條例的違反。當然，如果真的產生了不良影響，那就另當別論了。

另外，有些價值賦予跟道德比較沒有關係，單純是一些文化上的習慣。例如：在臺灣的大學，老師們相互間的稱呼有一些特殊意義。當我們稱呼王小玉這位老師為「王教授」時，表示我們很尊重她，但顯得有些生疏。如果叫她「王老師」，則比較不這麼生疏；若叫她「小玉老師」，則感覺很親切。但若在不同文化的地方就不一定能套用，否則說不定人家覺得這種稱呼過於親密，甚至很噁心。

在國外，學生直接稱呼大學老師的名字很平常，感覺很友好，但在臺灣會變成大不敬。這種文化差異沒有什麼道理，沒有是非對錯的差別，只是大家習慣這種價值賦予而已。但要記得，這種價值賦予是因文化而有所不同的。到了不同的地方，需要重新學習這類概念框架。

當我還在臺灣唸書時，有陣子跟一位美國加州來的外國傳教士學英文，那位外國老師是個很年輕的帥哥。第一次上課我就讚美他很帥（handsome），但他卻一直跟我很疏遠，不知為什麼？當時猜想可能是因為我的穿著吧！因為他總是穿得很正式，而我一向很隨便，有時還穿拖鞋（這個錯誤因果連結也保留了好長的時間，讓我以為美國人「都」對穿著很重視）。直到有一天，誤會釐清了，他告訴我，在加州大概只有男同性戀會用「handsome」這個字當面讚美男人，所以他一直以為我是同性戀而且對他有意思。

這種文化差異深入我們的概念框架後，在背後的自動思考會一直不斷製造誤解，而且通常難以發現。所以，當我們跟不同

地區、國家的人來往時，要特別注意這種由概念框架所製造的問題。而且有時候誤解發生了，我們才會發現原來自己有這樣的概念框架，或者原來這樣的概念框架並不是理所當然的。這也是為什麼多和不同類型、不同文化的人打交道可以提升自己的思考能力，因為我們比較不會受制於單一概念框架而自以為是。

十一、互斥關聯

在日常生活的概念框架中，有些概念是互相排斥的。最典型的例子就是我們從小透過連續劇所學會的「好人」與「壞人」之區別。如果一個人被歸類為「好人」，就不會是「壞人」；反之如果被認為是壞人，就不會是好人。這個被稱作二分法的概念框架，常常為人所詬病，因為我們會發現，人不適合做這樣的區別。再好的人都可能心存惡念甚至做出惡事，再壞的人也都可能會做好事。

從另一個角度來看，大概沒有一個人是完全的惡或完全的善，所有人在善惡方面都只是程度上的差異，甚至程度上也難以做區分。從這個角度來看，我們也可以發現，有些自然形成或是透過虛構劇情所學會的概念框架是錯的，而且如果我們依據這樣的概念框架思考人性則會造成誤導。

在日常生活的概念框架中，有些互斥的關聯並不是絕對的二分，但仍舊有互相排斥的現象，例如：「愛」與「恨」。在情感的世界裡，愛一個人和恨一個人是截然不同的兩種情緒，一般來說，當一個人愛另一個人時就不會恨他，反之亦然。因此，概念框架的建構就會使這兩種情緒概念有著互相排斥的關聯。但是，當生活經歷愈來愈多，我們發現自己與別人在某些時候真的可能產生「愛」、「恨」交加的情況。因此，在概念框架中，雖然其

仍舊是互斥的概念，但在某種程度上也接受其同時並存。類似這樣的關係在日常生活中還有很多，例如：「討厭」和「喜歡」也是互斥的，當你知道暗戀的人討厭你時，你會自然而然覺得她不會喜歡你，這是在概念框架中互斥關係的自然推理結果；而且這個推理還會連帶認為她討厭你的所有特質，而且沒有半點喜歡你的部分，然而，這種沿著概念框架的自動思考卻又是大有問題的。

在人類正常的情緒中，討厭和喜歡兩種情緒也不盡然是完全排斥的，一個人很可能喜歡某個人的某些特質，但卻討厭某些其他特質。所以，當我們能夠更深入分析自我的情緒現象，而發現這樣的可能性時，慢慢就會把原本的概念框架做修正，而把它們之間的互斥關係改成有可能同時存在的、比較不這麼絕對二分的。這種概念框架的改變，也是讓一個人思想成長的重要因素。

除了共存的可能性之外，有些被截然二分的概念間是有程度之別的。例如：對食物的描述有「壞了」以及「還沒壞」兩個互相排斥的區別，這種區別不會有同時存在的可能性，但是，這樣的概念框架卻仍有誤導作用。舉例來說，有一天，一位朋友問我：「吐司麵包放在書包裡兩天會不會壞啊？」我回答說：「大概還不會吧！」因此，他就不擔心的吃下去了。這個思考背後有一個預設：「壞的食物吃了對身體不好，而還沒壞的就可以吃。」這樣的想法其實忽略了一個事實，食物的好壞其實是程度的差別，吐司放在書包裡兩天或許還不會發酸或是發霉，也就是一般定義的還沒壞；但是，其實已經朝腐壞邁進一大步了，換句話說，那已是不新鮮的食物，而且說不定已經長出許多肉眼還看不出來的黴菌，這樣的東西或許不會吃壞肚子，但對於健康來說，可能已有某種程度的壞處。在這種情況下，偶爾吃或許沒什

麼大不了，但長期吃可能就會有問題。但從其概念框架思考，就
難以想到這點，因為常常吃沒壞的食物怎麼可能會有問題呢？這
種互斥二分的概念框架使我們很容易忘了其事實上只有程度的差
異，並非一個東西還沒有到達壞的程度就是完好如初的。

十二、概念框架的複雜關聯

　　從日常生活中真正在運用的概念框架來說，上面所提到的各
種概念與命題的關聯，實際上是屬於簡化後的說法。如果我們仔
細觀察自己的概念框架便會發現，日常生活中概念與概念間的各
種關係，有時不僅有程度上的不同，也有性質上的不同。以上一
節討論的互斥關聯為例，有些互斥是完全互相排斥的，有些可以
接受在某種狀況下同時成立，但卻仍舊是互斥；而有些雖然不能
同時成立，但卻只有程度上的區別。

　　事實上，這樣的說明只把其複雜度的一小部分說出來而
已。從我們比較容易觀察到的概念框架來說，當我們說：「完全
互相排斥」時，這樣的完全互相排斥又可以分成許多種類。例
如：有些互相排斥是絕對不可能有機會改變的，就像是「主觀」
與「客觀」之間，一個天生的瞎子絕對無法透過任何客觀科學知
識知道關於紅色的主觀經驗為何，除非我們根本放棄目前的概念
框架，否則這兩者絕無融通的可能性。但是，有些目前是互相排
斥的概念關係，卻是具有可改變性的，就像是「健康」與「常生
病」。目前來說，這兩個概念之間的關係是互相排斥的，健康的
人是不會常生病的，而常生病的人也絕不會是健康的人。但是，
假設未來醫學發現，某種類型的人常生病，事實上是生理對抗重
大疾病以及調整自我防衛系統正常且必要的反應，調整後將具有
更強的防衛能力。所以，常生病的人，或者更精確的說，常生小

病的人事實上是防衛機制更強而且能夠更長壽的人。這個說法以目前醫學來說似乎並非事實，但是，如果有一天醫學真的這麼認為，那麼，「常生病」與「健康」就不再是互相排斥，或者至少就不再這麼互相排斥了。

除了其具有不同可能性的變化差異之外，我們還可以嘗試去找到其他性質上的不同。例如：定義上的互相排斥（如「主觀」與「客觀」）、社會價值觀上的互相排斥（如「好人」與「壞人」）、個人喜好上的互相排斥（如「好吃」與「難吃」）、感官上的互相排斥（如「黑色」與「白色」）、分類上的互相排斥（如「外省人」與「本省人」）、生活經驗造成的互相排斥（如「晴天」和「雨天」）等。而這些不同的互斥關聯，事實上也可以算是不同的連結，如果我們對概念框架的想像如同圖示一樣，有「一條線」來連結概念，那麼不同互斥關聯的那條線也不會是完全相同的。而且，即使我們這樣區分了，這些區分之下還可以再做其他區別。例如：在分類上的互相排斥來說，「外省人」和「本省人」的區分與「動物」和「植物」的區分又有所不同，以此類推，我們可以發現，想要很精確的把握概念間的關係就已經不容易了，而要把握整個概念框架又會更加困難。所以，對各種概念關聯的分類與討論，其主要目的並不在於精確且完整的把握概念框架，而在於協助我們認識概念框架基本結構以及思考其運作方式。

上面所談到的複雜度，事實上還只是我們比較容易觀察的範圍，概念框架的組成還包含我們難以觀察，以及難以描述的部分，因為有些概念框架很難用語言清楚表現出來，就像是美國現代科學家兼哲學家波郎尼（Michael Polanyi）指出：「我們能夠知道的，比我們能夠說出來的還要更多。」（Polanyi 1966, p.4）換句話說，有些知識很難表達，而只要是知識，大都可以化身為概念及其連結，但許多連結卻難以用語言描述。相對於客觀科學知識很容易用語言表達的特性，我們在表達由內心經驗建構起來的概念框架時，往往遭遇困難。例如：在我們的經驗中，有許多不同類型的痛，這些痛與其他相關概念形成了與痛有關的概念框架，但是，我們沒有這麼多的詞彙來表達這樣的概念框架。顏色種類也是一樣，如同美國哲學家泰伊（Michael Tye）也指出：

> 人們的感覺經驗是非常豐富的，以色彩為例，有許多細節無法被概念所把握，人們可能經驗到的不同色彩數量極大，根據粗略統計，約一千萬種左右。但是，我們能夠給它們名稱的，不過是其中極少數，而且我們能記憶的色彩也不多。例如：我們對 19 號紅色的感覺經驗，與我們對 21 號紅色的感覺經驗是不同的，但是，我們無法記憶它們，這也是為什麼我們無法憑著對自己房間牆壁色彩的記憶，前往油漆店去買完全一樣顏色的油漆，雖然我們大略知道那是什麼顏色，也能用語詞描述該顏色，但是，對其色度卻無法確定，我們的感覺經驗對不同色彩的分辨能力，大於我們的概念與記憶對色彩的分辨力。（Tye 2000, p.11）

即使我們可以用「紅色 19 號」和「紅色 21 號」這樣的語詞來稱呼它們，而且兩者擺在一起時，我們的感覺經驗也可以分辨出它們是不一樣的。但是，說它們是不同的概念卻是不妥的，因為在

我們大腦對這兩個語詞的認知表徵中，它們或許沒有什麼不同。由於在主觀心靈中這些不同色度還是可能產生不同的經驗，這些不同的經驗，也可能會與其他概念產生我們難以發覺，或是可以發覺卻難以描述的不同連結。也就是說，它們有可能形成不同的概念框架連結，這麼一來，概念框架的複雜度就提高了。

　　所幸如果我們研究概念框架的目的僅僅在於降低其自動推理所造成的不良影響，那麼我們只需看見其運作即可，並不需要完全掌控其運作方式，只有某些特定學術研究（像是認知科學與人工智慧學），才會需要盡可能的把握其運作細節。

十三、語意網路

　　談完概念框架的關係之後，我們來看看如何將這些複雜的概念框架具體化，讓我們可以更清楚、更簡單的去把握這種複雜的關係。雖然，從概念框架的角度來思考是個很新的研究方法，而且複雜度非常高，但我們仍有一些在其他領域類似的研究成果，可以用來協助我們更清楚的把握它。第一個方法便是所謂的語意網路（semantic network）。

　　一個概念以各種不同的關係，關聯到其他概念而形成一個網路，雖然我們能以一個概念為中心，來看這個概念所形成的網路是什麼，這也就是我們前面所說的一個概念的概念框架，而這樣的一個概念框架，事實上是在一個整體概念框架之中的部分，而不是獨立的，其或多或少都會受到其他概念影響（因為所有概念都直接或間接有關聯），以美國當代哲學家奎因（Willard Van Orman Quine）的整體論（holism）主張來說，一個概念的意義，就是其在整個網路中與其他概念的關係（Quine 1953）。也就是說，一個整體的概念框架，決定了每一個概念的意義。如果這個

觀點是正確的，我們就不能單獨切割出一小部分而主張這是某個概念的概念框架，因為屬於一個概念的概念框架，事實上就是包含所有概念的完整概念框架。所以，我們將一部分切割出來只是為了說明方便而已。

那麼，當我們企圖描述一個概念框架，便可思考要如何描述它。在這個問題上，最早發明的方法稱為語意網路，最早的「語意網路」係由心理學家奎藍（M. Quillian）在一九六八年為探討人類記憶間的關聯而創立。而所謂「語意網路」，簡單地說就是能夠用電腦程式把自然語言中的「意義」表現出來的一種方法。為了明確表達這些語意，我們通常將這樣的程式畫成網路的樣子，所以才有「網路」一詞的使用。例如：我們可以將「鳥」這個字的許多「意義」用類似電腦語言（也類似邏輯語言）的方式表現如下：

$$Bird(x) \rightarrow Fly(x)$$

這個式子的意義是說：「如果 x 是鳥，則 x 會飛」，這也就是「鳥會飛」一種較為接近電腦程式語言的表達方式。描述其他關於鳥的特性，像是「鳥是動物」、「鳥有翅膀」的式子，也可以表達如下：

$$Bird(x) \rightarrow Animal(x)$$
$$Bird(x) \rightarrow Have\text{-}Wings(x)$$

這三個式子分別陳述鳥的一些屬性：會飛、屬於動物與有翅膀。這種式子的寫法，類似電腦程式語言的表示方式，可以很容易的

轉換成任何電腦程式語言。但當這種式子多的時候，其缺乏清晰的可讀性，我們可以如下用一個語意網路表達這三個式子：

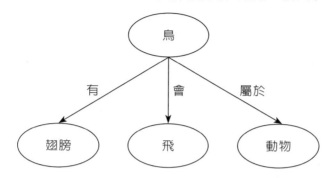

這種語意網路等同於上面的三個式子，但卻更為清楚明白。然而，這種基本的語意網路由於過於簡單，而使其表達能力受到很大的限制。因此，哲學家們與電腦科學家們便發展出較為複雜、但卻更精確的「命題語意網路」（propositional semantic network）來取代它。

十四、命題語意網路的建構

　　我們在前面討論過概念與命題的關係，命題由概念所組成，也強調命題是概念框架的一部分，而且命題之間的關係，也間接是命題內的概念關係。因此，當我們討論概念框架內的各種關係時，也常常會談到相關命題間的關聯。然而，上面的語意網路由於完全是以概念為基本單位，對於模擬命題間的關係來說非常困難，因此，學者嘗試發展另一種語意網路，企圖將概念與命題同時當作基本單位，這種語意網路稱為「命題語意網路」。

　　命題語意網路不僅能夠用來描述概念間的關係，也可以很輕易的描述命題間的關係，還可以描述命題內概念間的關係，以及概念與命題的關係，這樣的網路可以更明確地表達日常生活的概念框架。

　　命題語意網路和一般語意網路間的最大差別，在於命題網路的節點可以表達一個命題，而一般語意網路的節點只能表達一個概念。由於命題語意網路的種類很多，本文將以 SNePS（Semantic Network Processing System）網路為例來說明。[7]

　　一個命題語意網路由節點（nodes）與連結線（arcs）所組成，一個節點代表一個「概念」或是「命題」，而一個連結線則代表概念或是命題間的關係。例如：

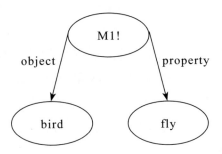

上圖是一個簡單的命題語意網路，這個網路由三個節點和兩個連結線所組成，網路其中的兩個節點可以稱為「概念節點」，也就是代表「bird」（鳥）和「fly」（飛）這兩個概念的節點。而兩個連結線的意義則是「object」（物體）和「property」（屬性）。這兩個節點和連結線組成另一個節點（M1！），此節點則稱為「命題節點」，這個命題節點象徵一個命題：「鳥這個物體具有飛的屬性」，這也就是「鳥會飛」的另一種說法。當然，這個網路也可用比較像電腦語言的方式表達如下：

7　所謂「命題語意網路」（propositional semantic network），是將原本以概念（concept）為基本單位的語意網路改進成以命題（proposition）為基本單位的網路，關於SNePS系統更詳細的說明，請參考（Shapiro & Rapaport 1987），而其他著名的命題語意網路請參考（Zernik & Dyer 1987）。

Object_property（bird, fly）

在這個式子中，「object_property」指的是我們有一個「object_property」（物體＿性質）的框架，而「bird」（鳥）在該網路架構中扮演物體（object）的角色，「fly」（飛）則扮演性質（property）的角色。這種表達方式除了較容易轉換成程式語言之外，也較容易讓我們了解如何對這個網路做邏輯運算。例如：假如我們有如下的網路：

Object_property（bird, fly）　　　[鳥有飛的屬性]

Member_class（John, bird）　　　[約翰是鳥的一員]

[Object_property（x, y）& Member_class（z, x）] →

Object_property（z, y）

[如果 x 有 y 的性質，而且 z 是 x 的一員，那麼，z 有 y 的性質]

藉由這些網路，我們可以經由邏輯運算得出如下的網路：

Object_property（John, fly）　　　[約翰會飛]

這是推理方面的例子。

　　命題語意網路除了可以用來模擬人們推理思考的概念框架運作之外，還可以用來模擬學習中概念框架的轉變。例如：在學習新字方面，以 SNePS 系統來說，SNePS 藉由閱讀自然語言的文章，從脈絡中學習新字。首先，SNePS 把自然語言轉換成命題語意網路，例如：如果讀到一個句子「Birds can fly.」，SNePS 就用上圖的網路來取代這個句子。

　　當 SNePS 遇到新字時，它會指派一個新的節點給這個字，但這個節點最初和其他字沒有什麼關聯，換句話說，這個新字對 SNePS 來說沒有什麼意義，但是，當許多句子及根據這些句子建構出來的網路出現這個字的時候，這個字就和愈來愈多的其他字建立起關係。也就是說，SNePS 開始賦予這個新字某些意義，當我們將這個新字的相關網路轉換回自然語言時，我們會發現，SNePS 已在某種程度上「認識」了這個字。[8]

　　當我們企圖要對概念框架的運作與其結構做一個深入且精確的認識時，這種用來模擬概念框架的工具就變得非常重要。然而，我們可以發現，在處理各種日常生活中的概念框架時，我們前面也提到過其複雜性，如程度上的差別、性質的不同等，這些差別都會讓語意網路或是命題語意網路難以模擬。在這個層面上，有另一種語意網路在表達各種程度差異的問題上有不錯的模擬效果，也就是多年來備受注意與應用的類神經網路系統。

十五、類神經網路建構

　　在模擬概念框架方面，除了有命題語意網路的發展，在二十世紀的九〇年代興起一種稱為類神經網路的方法，或也稱為並行分散式處理釋模（parallel distributing processing model），藉由這種新方法，我們可用以描述一些概念框架比較複雜的關聯及其改變過程（Rumelhart & McClelland 1986）。

　　舉一個簡單的例子，當一個人在判斷某甲是否算是自己的「朋友」時，影響這個思考的因素很多。例如：此人與甲這個人

8　詳細運作實例，請參考（冀劍制、王惠民、張明仁 2006）。

的熟悉程度為何？認識多久？有沒有單獨相處過？能不能單獨相處時不感覺怪異？對某甲的信賴程度為何？以及喜不喜歡和某甲交談等。

　　雖然在日常生活中，我們覺得去判斷一個人算不算朋友只是一個很簡單的直覺反應，但從概念框架去分析，影響判斷的因素其實還滿多的。只是這些判斷在已成形的概念框架自動運作下，變成一個很直覺的想法。上面提出的可能影響因素，只是所有因素的一小部分，我們還可以輕易想出一堆其他影響判斷的因素。但目前我們只是以此為例來說明類神經網路的特點，所以不必太在意其完整的概念框架為何。

　　那麼，以上面所提及的因素來看，首先我們要注意的是，每個人的判斷方式不盡相同，而且上面所談到的每個因素都可能不是必要的，甚至有人認為沒見過面的網友都可以算是朋友。而且，上面所舉的每一個因素，在每一個人的「朋友」概念框架中所占的重要性也不盡相同。那麼，假設我們用一至一百來描述其程度；例如：熟悉程度是五十、認識時間是三天、有單獨相處過一次約十分鐘一起等人、單獨相處的怪異程度是二十五、信賴程度八十一、喜歡和他交談的程度為四十，依據這些數據在概念框架中的運作結果，我們可能會判斷某甲是朋友。但是，依據其他人的概念框架，他們或許不會把某甲當朋友，差別在於這個「朋友」概念框架對於上面數據的重視程度為何。

　　舉例來說，小明的「朋友」概念框架非常重視信賴程度這個部分，那麼在其概念框架中「信賴」與「朋友」的連結就很重要，而由於小明對某甲很信賴，因此，在小明的概念框架中就比較容易把某甲當朋友。反之，如果小明的「朋友」概念框架比較重視「是否喜歡與其交談」這部分，由於其得分較低，小明就比

較傾向於不把某甲當朋友；但是，如果某甲在其他部分得分也夠高，那麼，這個「是否喜歡與其交談」的得分雖然低，也就可以被接受而仍當其為朋友。

在類神經網路中，我們可以把對一個因素的重視程度用一個 0～1 之間的「加權值」來代表。例如：小明很重視「信賴感」，那麼假設在小明的概念框架中，「信賴」對判斷一個人是否為朋友的加權值是 0.8。因此，信賴得分乘上加權值（81×0.8=64.8），也就是在小明的概念框架中對判斷某甲是否為朋友的得分，而假設是否喜歡與其交談的加權值是 0.2，那麼這項的得分即是 8 分（0.2×40=8），兩個加起來的總和就是 72.8 分。假設分數總和到達 100 分，則小明會把某甲當朋友。我們可以看到，在概念框架的運作中，光是這兩點還不足以讓小明把某甲當朋友，還要看其他因素的得分。而且，有些因素可能會導致負分，例如：小明覺得記得他的姓名很重要，如果有一天某甲看到小明，卻說不出他的名字，那麼在小明的概念框架中，可能會在判斷是否把某甲當朋友的得分上降低其分數。但只要最後的總和達到標準，小明還是會把某甲當朋友。另外，如果小明是個很喜歡把別人當朋友的人，即使是比較低的分數，他就會把某甲當朋友。例如：如果只要 60 分就夠了，如此一來，光是信賴感這項得分就足以讓小明把某甲當朋友了。

當然，實際生活中沒有人刻意在做這樣的運算，但是，當代認知科學家們相信，人類認知中的概念框架是自動在做類似這樣的運算。而且如果當我們用這種方式來解讀日常生活中的概念框架運作時，發現其解釋力很強，可符合許多我們觀察到的現象，那麼我們就傾向於相信其為真，而且這樣的一個釋模（用以解釋的模型）較能協助我們更清楚的掌握與了解概念框架的運作。

然而，在我們的認知與學習過程中，這些加權值是會改變的，隨著我們經驗的增加以及想法的不同，對於什麼是當一個朋友較為重要的因素及其重要程度都會改變，而且對於怎樣的得分才能算是朋友，也都會有所改變，而這樣的釋模對於這種改變也很能掌握，只要修改了加權值以及得多少分才能算是朋友的數據改變即可。而且，我們甚至可以更複雜的去決定這些加權值以及朋友總分標準是受了哪些因素影響、會如何改變，當這些都能用類似方法得到一個好的運作上的解釋時，這個思考方法將有助於我們更精確地把握概念框架的運作方式，也有助於我們掌握這個思維背後的黑手。

十六、函數式的關係描述

從前面的討論來看，我們可以發現，概念之間的關係有許多種類，而且每一個種類所扮演的角色與重要性可能都不同，要精確描述這樣的一種關係，或許無法簡單地用一個已經歸好類別的關係就可以完成。而且，概念間的關係本身，可能也會隨著經驗的改變，或是情緒的不同而產生變化。所以，在模擬概念框架的運作上，我們甚至必須使用一個「函數」（function）來描述一個關係，而不是一條永遠不變的關係線。

舉例來說，「戀愛」與「結婚」兩個概念間的關係可能包含有「因果關聯」——因為戀愛而導致結婚的結局；它們之間也可能有「動機與目的」的連接——為了繼續戀愛而結婚；它們之間也還可能有「互斥關聯」——由於結婚可能會破壞戀愛的感覺，也就是俗話說的「婚姻是愛情的墳墓」，而導致兩者之間的互斥。當然，除了這三個關係之外，還會有其他關係，我們暫且先從這三個關係來談。

　　首先，我們可以發現，這三個關係的並存除了會使概念間的關係變得複雜之外，它們甚至是不太相容的，既然有人覺得婚姻是戀愛的墳墓（互斥關聯），又怎麼會為了繼續戀愛而結婚（動機與目的）呢？所以，比較合理的狀態應該是，某些人的概念框架中，在「戀愛」與「婚姻」之間具有互斥關聯，而不具有動機與目的連結，而其他某些人則剛好相反。這的確是一個比較合理的概念框架，然而，事實上如果我們把「關聯程度」考慮進去，就不會覺得並存有什麼衝突了。

　　例如：某個人相信結婚之後可以繼續談戀愛，但是心中仍有一些存疑，因為某種程度上他也覺得婚姻是愛情的墳墓。在這樣的情況下，這兩種關係就可能在某個人的概念框架中同時存在了。而且，如果我們把「時間」考慮進去，也可以化解這樣的衝突。例如：某人相信結婚後還可以談一段時間的戀愛，但是，愛情的感覺會逐漸消逝。那麼，這兩個關聯事實上也都是正確的，在這樣的情況下，兩者並存也不會有什麼問題。

　　然而，即使我們不考慮程度與時間的差別，它們還是可以同時並存於概念框架中，因為人的心裡是容得下矛盾的。一個人的概念框架中，很浪漫的產生結婚可以繼續談戀愛的想法，同時也很現實悲觀的認為結婚是愛情的墳墓，這也是可能的。當這個人處在樂觀浪漫的情緒時，「戀愛」與「結婚」的連結就比較會是「動機與目的」的關聯；而當一個人的情緒處在較為悲觀的狀態時，思想就容易在概念框架中選擇「結婚是愛情的墳墓」這樣的關聯。

　　也就是說，心情可能會導致我們選擇不同的概念框架連結，但這些連結都在整個概念框架中。如果有人心情可以處在浪漫又悲觀的矛盾狀態下（我想在多變者的心中也可能有這種情

況），那麼，此人就可能矛盾的認為婚姻可以持續愛情，也可以消滅愛情。在這個例子中，如果我們把「心情」當作是另一個概念，我們就可以說，「心情」這個概念的狀態會導致「戀愛」與「結婚」的連結有所不同；如果我們考慮更多其他對愛情與婚姻連結有影響的概念框架，其複雜度將會更進一步的提高。

　　以上說明已大略將其複雜性表達出來，我想從這裡也可以看出，實際上這兩個概念之間的關係一定比目前所談到的更為複雜，我們很難把每一種複雜的關係做一個分類，然後僅用一個類別去決定兩個概念間的關係。所以，我認為我們最好用一種函數的方式，來表達概念間的關係，以上面所討論的「戀愛」與「婚姻」兩個概念間的關係為例，讓我們看看如何用類似函數式來表達其關聯。

（戀愛）＝C（婚姻）& [R（心情）→ M（婚姻）or S（心情）
　　　　→ A（婚姻）]

在上面這個對「戀愛」的表達式中，「C（婚姻）」代表與婚姻有因果關係，「R（心情）」代表心情處在浪漫的狀態，「M（婚姻）」則代表與婚姻有動機及目的間的關係，而「S（心情）」則代表心情處在較悲觀的狀態，最後「A（婚姻）」則是與婚姻有互相排斥的關係。在這個表達式中，「＝」這個符號的意義，比較好的解讀是屬於「關係」而不是「等值」，而「→」符號的意義則是邏輯上的「蘊涵」關係，也就是「如果……則……」的關係，「or」也是邏輯上的「或」的關係。那麼，上式用日常語言表達則是：

戀愛與婚姻有兩個關係，一個是「因果關係」（也就是戀愛導致婚姻），另一個關係則是「如果心情浪漫就會覺得婚姻可以持續愛情，而如果心情較爲悲觀，則會認爲婚姻是愛情的墳墓，如果兩個心情同時存在，就同時具有那兩個想法」。

這種函數式的表達方式，表現出某些概念間的關係受了其他因素影響而有所變化。事實上，這種變化也可能出現在一個關係的強弱程度或是其他屬性的差異上。例如：愈開心樂觀的時候，「戀愛」與「婚姻」的關聯更強；反之，比較普通的樂觀時，關聯則較弱等。也就是說，概念間的關係也不是固定的，而是必須能夠隨著某些因素的變化做改變的；如此一來，才更能把握日常生活中概念框架的運作。

本章已將日常生活中較爲常見的概念間之關係以及目前主要的模擬方法做了簡單介紹，這有助於我們對概念框架是什麼以及該如何更深入的思考它，有一個比較清楚的把握，下一章將討論其在日常生活中主要的運作方式。

第三章

從概念框架的運作解讀
思考與知識

　　概念框架像是躲在每個人心中思考核心的另一個自我,藉由吸收日常經驗與各種知識養分而逐漸成長,自動幫助我們推理,也同時操控著我們的思考。那麼,我們現在來好好認識這位最親近的朋友,反過來掌握其運作方式,藉此拿回思考的主導權。

一、從概念框架看理解與思考

　　在日常生活中,「理解」與「思考」是很常用的詞彙。在學校唸書的時候,我們需要理解課本上所寫的東西、老師上課所談的東西,以及同學說話的內容。而且對於疑惑不解的問題需要去思考,並嘗試找出解答。但是,我們平時很少會去想究竟什麼是「理解」?什麼是「思考」?在此我們可以試著從概念框架的角度來深入分析何謂「理解」與「思考」。

　　所謂的理解,其實就是組織好一個概念框架。如果要理解的對象本身是一個過去不曾了解的理論,所謂理解這個理論,就是建構好這個理論的各種概念連結所形成的概念框架,而後把這個新的概念框架與我們已經建構好的(已經了解的)概念框架連接起來。這個新的概念框架愈是複雜,包含的新概念愈多,也就愈難組織,而且愈難了解。

　　從另一個角度來看,當我們認知中已知的概念愈多,能掌握的概念框架的複雜度愈高,那麼,理解一個新的理論或是概念框架就更為簡單。而且,當要理解的新概念框架與已經具備的概念框架之相似性(或相關性)愈高,也愈容易理解。因此,從這方面來看,如果一個人已學會的知識類別愈廣,則其學習新事物的能力就愈強。如果一個人曾經學會非常複雜的概念框架,則學習新概念框架的能力自然也會提升。

　　這也是學習哲學的一個好處，由於哲學理論大都非常複雜難懂，一旦學會了，理解能力就會大幅提升。感覺上在心智中已存在許多很複雜的架構，看見新的理論時，很輕易就可以把這些理論放到架構上，形成一種理解，然後再慢慢調整細節即可。

　　然而，如果學習哲學只是膚淺的點到為止，背了一些專有名詞及其表面含義，而沒有好好建構整個理論架構，那在理解力的培養上就沒有什麼用處了。

　　理解整個新理論是一個複雜的認知過程，所學除了塑造新概念之外，還包括建立新的連結。但只要是已有的連結關係，無論多麼複雜，一步一步進行遲早都會理解。而如果要理解的包含新概念間的關係，就會是一個比較困難的認知過程；這個部分將在下一章談到概念框架的建構時再來討論。

　　理解一個新的、複雜的概念框架之認知過程，就像是理解許多簡單的新概念一般，我們只要掌握學習一個新概念的認知方式，大致上就可以掌握如何學習一個新的概念框架。

　　首先，除非一個新概念有其他特殊意義必須直接訴諸某些知覺，例如：要了解何謂「悟道」，必須訴諸特殊的悟道經驗；要了解何謂「良知」，必須訴諸良知體驗；要理解「紅色」，則必須訴諸紅色的感官經驗。除此之外，理解一個新概念的認知過程，主要就是把一個新概念與舊有的以及相關的概念框架適當地連結起來。

　　用一個比較簡單的例子來說，唸小學的小明不知道什麼叫做「光棍」，當大人提到這個詞彙時，小明聽不懂。回家後，小明問媽媽什麼是「光棍」，媽媽回答：「光棍就是沒有結婚的男人。」由於小明原本就知道什麼是「結婚」與「男人」，也就是說，小明在其原本的概念框架中，已經有「結婚」和「男

人」這兩個概念及其與其他概念的連結，意即小明早已理解何謂
「結婚」以及何謂「男人」，而且也知道「就是」、「沒有」、
「的」之用法與意義；因此，藉由媽媽的說明，小明很容易使用
原有的概念框架連結「光棍」這個詞彙，然後可以順利掌握這個
詞彙，進而形成一個可以理解的新概念，如下圖所示：

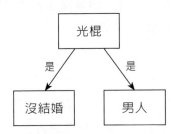

所以，「光棍」這個新概念在小明的整個概念框架中，就
有了其地位以及與其他概念的連結。小明也可藉由這樣的連結，
形成新的知識與思路，而且還可以進一步使用這個概念推演新的
知識。因此，小明便跟媽媽說：「那麼，我也是光棍。」在小明
的概念框架中，其對自己認識的概念框架，符合「沒有結婚」和
「男人」這兩個條件，因此，他可以藉由「光棍」與自己的概念
框架之一致性，推理出自己就是一個光棍。其概念框架的思考如
下圖：

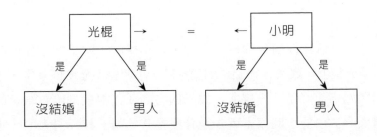

　　但是，這時媽媽可能會說：「不對，光棍是指那些年紀比較大的人，不是指小朋友。」那麼，小明這時就把「光棍」這個概念的連結增加了，增加一個條件是指那些年紀比較大的人，而不是小朋友。這時小明自己的概念框架由於可能存有「年紀小的人」，而此概念與「年紀比較大的人」有著互相排斥的關聯，因此導致小明無法當自己是光棍，其概念框架如下圖所示：

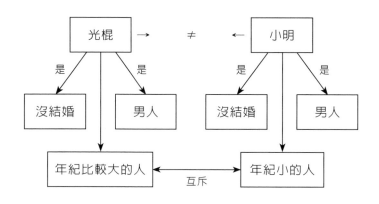

　　然而，這裡會出現一個問題，「年紀比較大的人」這樣的概念指的是什麼呢？對於已經熟悉光棍這個詞彙的讀者來說，會把這個概念理解成大約是中年人，因為我們通常不會稱呼二、三十歲的年輕人為光棍，通常光棍指的是那些超過適婚年齡的人，而小明的媽媽針對「年紀比較大的人，不是小朋友」的說法，應該也是這個意思。如果我們這麼解讀，那應該正確理解她所要表達的意思。因為，我們跟小明的媽媽在這方面有可以正確溝通的概念框架之思考路徑，事實上這個思考路徑並不是「年紀比較大的人，不是小朋友」這個說法本身，因為這個說法的文字本身還有許多不同的解讀，我們之所以可以正確溝通與理解，是由於我們早已知道「光棍」的一般意義，而且也知道小明的媽媽是在講「光棍」。所以，我們和小明的媽媽有著非常類似的關於「光

棍」的概念框架。因此，在概念框架的自動運作下，我們可以正確了解她所要表達的意思。

然而，小明雖然可以確定「年紀比較大的人」不會是像他這種「年紀小的人」，但卻沒有和我們一樣可以正確解讀光棍的大約年紀。因此，小明對「年紀比較大的人，不是小朋友」之說法的解讀，則有其他可能性，這要看他使用了什麼概念框架來解讀這個語句。

例如：昨天小明的爸爸才剛剛跟小明說：「爺爺是年紀比較大的人，不是小朋友了，不要跟他玩太激烈的遊戲。」由於這些話才剛剛說過，小明對於媽媽所說的：「年紀比較大的人，不是小朋友」，最直接的聯想就是爺爺。因此，他可能就用對爺爺認識的概念框架來解讀媽媽的說法，而這會和我們的理解有些微差異。這種差異除了年齡的理解不同之外，還會連帶其他概念框架連結所帶來的不同。例如：小明可能藉由其新建的概念框架，進一步思考與推理「光棍不能玩太激烈的遊戲」，當小明這麼說的時候，媽媽可能無法了解小明為什麼會做這番推理，因為小明的媽媽沒有形成一個可以正確理解這個想法的概念框架，可能就只當它是童言童語而一笑置之。

當某個人在傳達其他人某些知識的時候，尤其是老師在教學生時，常常會有一種感覺，明明講的是很簡單的東西，為什麼學生就是不懂呢？這種問題其實很單純，懂的人覺得很容易，是因為其已建構好用來理解該知識的概念框架，而在該概念框架的理解下，那些知識是非常簡單的。但是，聽者往往不具有可以適當用來理解的概念框架，如此一來，老師所傳授的知識自然就變得非常困難。在這種情況下，教的人得先協助學的人建構必須具備的概念框架，才能達到傳授知識的目的。

　　然而，對於某些像是比較大系統的哲學理論來說，要先建構完整且精確的概念框架是更困難的，這時僅先建構一些用以理解的少量框架，或許就會在學習與理解上很有用處，但這樣的框架通常會很不精確，這種教學方式可能也就會很有爭議，因為不精確的框架往往會造成誤解，這是許多哲學老師所大力反對的。但我個人倒是覺得先有大概的了解與把握是比較好的，即使有誤解，等到概念框架的建構較為全面之後再慢慢釐清，進而建構精確而完整的概念框架，這樣的學習方式可能比較愉快，而且也比較快速。

　　從本節討論中，我們可以看出，無論是理解或思考，基本上都使用著概念框架，溝通雙方若沒有類似的概念框架，就無法正確的相互理解，而思考基本上也沿著概念框架在運作，我們也難以跳脫一個概念框架來思考，即使是所謂的創造性思考，也難以完全跳脫概念框架的限制。不過，一般推理性思考與創造性思考對概念框架的使用還是有所不同（de Bono 1976, 1990）。因此，在日常生活的溝通中，即使我們使用相同的詞彙，而且即使這些詞彙的意義也大致相同，但當其概念框架的連結不完全相同時，仍舊會造成誤解。這是我們平時與人溝通或是傳達訊息時，經常忽略的部分。下一節我們就來討論這種誤解的發生。

二、從概念框架看誤解

　　當我們在學習一些理論或理解別人的想法時，有時會感到異常困難，好像無論如何都無法弄清楚，且無從理解。這種情況發生的一個可能主因是，我們想要了解的東西根本就是一個全新的概念框架，甚至是一個與原本思考模式完全不同的概念框架。

　　當一個新概念框架與原有概念框架的差異牽涉到一些基本的思考原則與背景知識時，就可以說是一種不同的思考模式。想要

學習新的思考模式，就必須能夠先跳脫原有的思考習慣，而這往往就是最難的步驟。哲學思考訓練一個特別的優點，也在於能夠較輕易地跳脫出自己習慣的框架。這其實就是學習哲學的過程中常常需要做的事，否則很難理解各式各樣的思維。

　　然而，跳脫出習慣框架後，如果沒有概念框架，又會無法思考，那該怎麼辦呢？事實上，我們無法憑空捏造一個完全不同的概念框架，所以這個過程只能逐步漸進。先跳脫一部分框架，然後再逐步修正。

　　這可以比喻成在海上造船，一開始必須依據舊船為基底，然後再逐步取代，直到新的框架完全成形。換句話說，雖然一開始用舊框架的理解都是誤解，但仍有價值。然後漸漸釐清誤解，直到新概念框架完全建立後，才算真正理解。所以，誤解有時也是學習某些理論的一個必經過程。

　　在一個框架中學習一個新連結或是新概念比較容易，但要跳脫原有概念框架重建一個新的框架就很困難。而當要學習的新框架與原來的差異愈大，這樣的框架就愈難學習。有些哲學思想之所以非常困難，主要原因在於它根本就是一種幾乎完全不同於日常生活的思考模式，而在對應這種思考模式的新概念框架建構之前，則是不可能真正了解其思想的。但當我們學會各種不同的概念框架，也就是學習各種不同的思考方式與世界觀，這樣的學習成效造就一個較靈活且有彈性的頭腦。

　　以日常生活的例子來說，由於軍中世界的某些概念框架不同於一般日常生活，因此，其思維方式是不同的，有時會聽聞軍中長官戲稱一般日常生活的思考是「死老百姓的想法」，這是從軍中的概念框架來看一般日常生活概念框架之思考方式所產生的想法。而我們也會看到許多不了解軍中概念框架的人，對軍中有著

「專制與蠻橫」的批評，這就是用一般日常生活的概念框架來理解軍中某些事件的想法。我們可以此為例，從這個概念框架的衝突來看不同概念框架所造成的誤解。

在我剛進軍隊受訓時學到一件事，當一個隊伍因集合而擋住道路時，如果這時正好有另一個隊伍要通過，擋住路的隊伍會先向前移動，讓其他隊伍先通過，這是一種禮節。至於要通過的隊伍也不能大搖大擺的走，為了不要讓禮讓的隊伍等太久，必須跑步通過，這也是禮節。這樣的做法很符合一般日常生活的概念框架，所以對於剛進入軍中的我來說，也很容易適應。

但是，問題來了，有一個連隊稱為「軍官連」[1]，這個連的組成分子事實上大約只有十多人，而且全部都是部隊的尉級軍官來受訓[2]。當軍官連要通過時，我們也是一樣被要求向前走，但是，軍官連的通過時間非常長，因為他們的隊伍散漫、移動緩慢，而且不會「禮貌性地」跑步通過。這時在我心中產生一個不滿的情緒：「難道軍官就可以沒有禮貌嗎？」然而，當我在軍中更久、更了解軍中文化後，才發現我根本問錯問題了，而這個問題也是錯誤的概念框架所導致。

在一般日常生活的概念框架中，人與人是平等的，我們對彼此的道德要求沒有什麼差別。我要對你有禮貌，和你要對我有禮貌是一樣的。即使是在一般上司和下屬的關係裡，所須注意的禮

---

[1] 「連」是軍中一個團隊的名稱，軍中最小的團隊是「伍」，由三人組成，組織依序是「班」、「排」、「連」、「營」、「旅」、「師」、「軍團」。一般來說，一個連的成員大約有一百人。

[2] 軍中的階級由高到低可區分為「軍官」、「士官」以及「士兵」，其中軍官階級由高到低又可分為「將」、「校」以及「尉」，每一個階級又可分為「上」、「中」、「少」三級。

貌和尊重，其實也不會有太大差異。如同一般來說，一個公司不會把廁所的使用分為上司和員工的差別，不會特別聲明某些廁所只有主管可使用，而職員只能使用其他廁所，也不會有所謂的只有主管可以進入的交誼廳或是卡拉 OK 室等。萬一有這種情況發生，一定會被批評是特權。但是，上面所說的情況在軍中全部都有，如果我們要用這樣的概念框架來理解軍中世界，那麼，我們自然會覺得軍中不平等，且軍官享有特權。

但是，「特權」之所以被認為是負面概念，是在「人人平等」這樣的概念框架基礎上才成立的，如果人們本身不是平等的，何來所謂的「特權」？例如：對一般人來說，當某些餐廳禁止犬隻進入時，除非是主張人犬平等的愛狗人士，否則不會覺得有何不妥，因為在社會上，多數人認為人和狗本來就是不平等的。雖然人們在社會上享有比狗更多的「權利」，但在我們的概念框架中，不會用「特權」來描述。因此，在這樣的概念框架中，並不會有「特權」的問題。

在過去人類歷史中，某些社會也產生了階級制度，像是貴族與奴隸，其社會地位的差距或許不像當今人和狗這麼大，但是，當貴族享有更多好處時，例如：貴族殺奴隸所犯的罪和奴隸殺貴族所犯的罪是不同的，以我們當今的概念框架來看，會覺得這是不應有的特權，但以當時的概念框架來看，則是理所當然的。

軍中的軍官與士兵階級制度，自然不會像貴族與奴隸的差距這麼大，但是，軍中階級制度所形成的概念框架，也不是站在「人人平等」的基礎上。這樣的階級制度當然有其重要性，因為軍隊的根本目的就是要面對戰爭，而面對戰爭的終極目標就是要獲得勝利，在以勝利為終極目標的考慮下，會產生不同的衡量標準。當然，對於何種結構才是軍中最理想的社會結構是可以討論

的，這裡所要指出的是，在以這種軍中社會結構所形成的概念框架中，並沒有「特權」的問題。軍官的確享有特殊權利，但是，若以軍中的概念框架來思考，這不能稱為特權，而是理所當然的應有權利。「特權」是在一般日常生活的概念框架中，對軍中某些權利的負面解讀，而這種解讀就形成一種誤解。當我們用一個概念框架去解讀另一個不同概念框架下的文化現象時，就可能導致這樣的誤解。

因此，當我們要從一個概念框架去理解另一個概念框架時，就必須先跳脫原有的概念框架去學習一個新的概念框架。這常常是最困難的一步。這一步沒跨出去，永遠無法學會新的概念框架。許多人服義務役一、兩年之後，還是未能掌握這種概念框架的差異，對軍中種種情況始終保持鄙視。

不同的概念框架提供一套對事物不同的解讀，如果這些被解讀的事物連貫到對世界的看法，那麼不同的概念框架就等於提供不同的世界觀。在著名作家徐四金的小說《香水》中對主角葛奴乙的描述，提供了一個很好的不同世界觀範例。

葛奴乙有著非常好的嗅覺，有別於一般人主要用視覺來認識這個世界，他主要依據嗅覺來認識這個世界[3]。例如：我們把很有吸引力的女人稱為「美女」，也就是說，「美女」這個概念所連結的概念框架除了長得好看之外，還很有吸引力，這是以視覺為主所建構出來的概念框架。

如果有一天日常生活中對於有吸引力的女性詞彙不再是「美女」，而是「氣質女」，那麼，等於我們已將對一個女人的最高評價從長相轉變成內在的某些狀態，這對許多人來說或許是好消

---

[3]　請參考（徐四金 2006）。

息，至少長得美不美較難以後天努力達到，但氣質卻比較能夠經由努力而獲得。

然而，對於主要用嗅覺來認識世界的葛奴乙來說，他根本就不在意一個人的長相，他在意的是一個人身上散發出來的氣味。因此，在葛奴乙的思維中，他所建構的「美女」（或是「最有吸引力的女人」）概念框架，不再是長得好看，而是散發出迷人的香味，而這樣的特點在他的概念框架中，也是最具有吸引力的特質。當然，這時的「美女」概念已經不同於傳統使用的意義，或許可以理解成「具有美麗香氣的女人」，意義雖然不同，但是，這個概念在原本的概念框架中，卻仍具備原本應有的地位。

在我們閱讀這本小說時，如果沒有重建其嗅覺的世界觀，就難以掌握整個小說的邏輯性。而只會將其當成怪人，其中還包括他將這樣的「美女」殺害取其味道做成香精的行為解讀，如果我們用自己習慣的概念框架來看他的行為，自然覺得很奇怪，簡直就是一個變態。但這樣的解讀卻是誤解，如果我們從其成長背景與世界觀重建的概念框架來思考，就會覺得那是一個很自然的行為。因為，只要看看在有美女助陣的展覽會場裡，有多少人拚命照相，就可以理解為什麼葛奴乙想要擷取那些氣味。人們都希望將對自己最具吸引力的事物占為己有。

但多數人無法這樣閱讀小說，因為重建概念框架對大多數人來說是個困難的思考方式，學習哲學在這方面的確有很大的功效，因為，每學一個哲學理論幾乎就等於重建一個概念框架，讀的過程會很困難，而且不斷遭受誤解的挫折，直到豁然貫通，就是成功建立好概念框架的時候。

若經常做這樣的思考鍛鍊，久而久之，建立新概念框架的能力就會愈來愈強，而逐漸變成一種自然而然的思考能力。可以隨

時跳脫出習慣的概念框架，並修改、重建，活用自如。到了這樣的思想境界，理解力變強，誤解的發生機會也愈來愈少。能夠正確理解他人思路時，接受不同人、不同想法的能力自然也就會愈來愈強。

三、概念框架的選擇

　　我們運用概念框架理解人事物，然而，在日常生活中，通常可用以理解相同人事物的概念框架不會只有一個，尤其當我們遇見一個不認識的人，或是沒見過的事物時，在認知中，通常會有好幾個概念框架出現提供我們選擇。

　　舉例來說，當遇見一個陌生人，這個人正在做公益，那麼，我們可能用「比較好的人」或是「善良的人」所組成的概念框架來理解這個人，當我們選定了概念框架，許多附帶的相關連結便會自動出現；例如：「值得信賴」、「不會害人」，甚至還包括「有禮貌」等。

　　但如果我們新認識的人長相凶惡，那麼，我們可能依據第一印象採用「比較壞的人」的概念框架來理解對方。其他狀況可能造成我們使用不同的概念框架來理解一個新認識的人，像是「較美的人」、「不美的人」、「天真的」、「邪惡的」、「自大的」或是「謙遜的」等，而且整個概念框架會一同作用。所以，有時候我們明明才剛認識一個人，卻自以為對此人有很多的了解，知道該如何跟他談話、互動，但往往發現這個人跟自己原本想的很不一樣；這就是概念框架作用所導致的現象。

　　然而，究竟什麼樣的概念框架會在剛認識一個人時被我們所選擇呢？事實上，我們大都不是在意識的監督下自由選擇概念框架，概念框架的套用大都是自動的。那麼，這種自動選擇機制到

底是如何運作的呢？

　　通常來說，當我們剛認識一個人時，除非我們對此人已早耳聞，否則，我們對他的了解只有長相和穿著。所以，其長相和穿著就決定了我們會選擇的概念框架，這也就是所謂的以貌取人。這是人們天生的認知習慣，即使知道以貌取人常常會出錯，還是很難避免。

　　這也就是為什麼去應徵工作或相親時，一定要注意服裝儀容等，這些跟能力與個人特質毫不相干的東西。當然，除了長相之外，如果有進一步的接觸，我們還會觀察其談吐與行為舉止，來決定我們用以理解這個人的概念框架。

　　舉例來說，許多人仍舊保有傳統電視劇裡好人與壞人的概念框架。好人是心地善良不會害人、不會騙人，是可以信賴、未來可以長久交往當朋友的人，甚至是會為你帶來好處以及會幫助你的人。然而，壞人則相反，是必須小心防範的人。當我們用不同的概念框架把人歸類之後，自然就會依據這些概念框架來理解不同的人。

　　例如：我們剛認識 A 和 B 沒多久，對他們都不太熟，假設我們對 A 很有好感，因為他穿衣服很有品味、說話很有禮貌、常常會讚美人、鼓勵人，那麼，在不知不覺中，背後掌控思維的黑手就會自動把 A 歸類為「好人」，而用好人的概念框架來解讀他。相反地，我們剛認識 B 的時候，就發現 B 看起來髒髒的、不太重視穿著，說起話來比較粗魯，長相還一副很凶的樣子，而且還常常會反對別人的意見，這些反感就讓思維黑手將其歸類為「壞人」，便會用壞人的概念框架來理解這個人。然而，有一天，他們兩人都跑來跟你說：「我今天忘了帶錢包，沒錢吃午餐和買飲料，可不可以借兩百元給我，明天就還你。」即使對這兩

人都不太了解，但由於將他們放在不同的概念框架中來理解，因此，我們會對這種相同的行為產生完全不同的解讀。

在我們對 A 的理解來說，由於他是被理解在好人的概念框架之中，因此不會認為他在欺騙，他一定是真的忘了帶錢包才會借錢的。而且由於他是好人，在概念框架中，「好人」與「知恩圖報」是有連結的，所以，今天借他錢，以後說不定會給一些好處來報答我。類似這樣的思維導致我們很放心地借錢給他，而且說不定還會問他：「兩百元夠不夠？」

這個思考模式也讓詐騙集團有機可乘，只要騙子的行為舉止符合日常生活中「好人」的概念框架，並且讓我們在第一印象中將騙子放在這個概念框架中，就會對他們產生信賴感，這樣的信賴感則會讓我們失去戒心而容易受騙。

然而，日常生活中決定將一個剛認識的人放入好人之概念框架中的因子，大都是可以裝出來的，而且大都不太可靠。除非我們放棄剛認識一個人時，在很短的時間內就去做歸類，否則錯誤歸類的情況會經常發生。

反之，我們對 B 就有不同的思考，由於 B 被放入「壞人」的概念框架中，我們對 B 的解讀就比較可能是：「他應該是故意忘了帶錢，甚至是騙我沒錢來借的，而且，他很可能不會還錢，哪有跟人借錢吃午餐還要順便借錢買飲料的。如果今天借他錢，搞不好以後會食髓知味常常來借。」當我們這麼想時，就傾向於不會借錢給他，或者，說不定會想：「一次沒關係，只要不要常借就好，就當那兩百元丟掉了。」然後借錢時順便補一句：「只有這次喔，下次不借了喔！」當我們這樣說的時候，如果 B 真是那種打算借錢不還的人，那就沒什麼關係；但如果我們一開始就把 B 歸類到錯誤的概念框架中，這個錯誤就可能會導致我

們得罪一個朋友，說不定原本會成為好朋友的人在誤用概念框架後，導致無法繼續良性互動，這會是很可惜的事。

這種對人的解讀，在臺灣人民對政治人物的行為解讀上尤為明顯。當兩個政治人物有著非常類似的行為時，例如：涉嫌貪汙。如果這兩個政治人物一個是綠（偏向民進黨）、一個是藍（偏向國民黨），那麼，對支持綠或是藍的人民來說，對這兩個人就會有不同的解讀，因為他們被放在不同的概念框架，而且由於被放在不同的概念框架做解讀，藍與綠的支持者在互相辯論孰是孰非時，常常無法取得共識。因為，要取得共識除非跳脫原本使用的概念框架，若各自在慣於使用的概念框架中理解，則是不會有任何溝通作用的。

對某陣營的支持者來說，該陣營的某人即使貪汙罪證確鑿，也傾向於認為是「政治迫害」，或甚至認為「貪汙的錢都是用在幫助人民百姓」。而若證據只有少許，另一陣營的人馬上會解讀成確定貪汙，即使法院宣判無罪，也會解讀成其貪汙手法高明。而在這種預設概念框架後的思考中，幾乎沒有什麼可以溝通的空間，除非先放棄原本使用的概念框架，然後依據已有的證據與資料，重新判斷與建構對人的認識，否則一定會經常誤解許多人事物。這種概念框架的選擇，主要在於已有的預設立場，由預設的立場決定概念框架的選擇。

由於概念框架的選擇是自動的，以至於人們很難自覺到這個思考層面。而且，除了上面談到的「以貌取人」與「預設立場」之外，其他可能的選擇機制，還包括當時的心情，以及樂觀或是悲觀的心態。心情好的時候，容易把人解讀為好人，心情愈差愈會把人看成壞人。而樂觀的人往往會以「事情往好的方向發展」的概念框架來看待事物，悲觀的人則總是從壞的方向看事物。從

這個角度來看，概念框架選擇的自動機制，具有相當程度是非理性因素。除非我們能夠訓練注意力去觀察原本意識不到的概念框架選擇過程，而且小心選擇，否則習慣上容易被非理性因素主宰，也就是被思維背後的黑手所控制。

當然，如果我們開始學習如何以理性來判斷一個人時，便會有所改變，尤其剛認識一個人時，不馬上做確定的歸類，而是以機率的方式做歸類。例如：長相凶惡的人或許真的比較可能是壞人，但在概念框架的形成中，僅僅將其當作一個可能性，而其他可能性的概念框架也同時出現，也就是說，當我們剛認識一個人時，必須有很多概念框架一同啟動，然後藉由各種觀察證據讓這些概念框架互相競爭，最後產生一個最佳解釋的概念框架；這種情況就比較能夠減少因為錯誤的第一印象所導致的不良後果。[4]

通常認識的人多了，自然而然就會形成這種習慣，這也是生活經驗的主要價值所在，而對概念框架運作的了解能在經驗尚未成熟時，避免許多不良作用的產生。

另外，我們經常具有對人錯誤理解的概念框架，這個部分也是對人誤解的重要問題所在。例如：當我們發現一位原本熱心為民做事的政治人物貪汙時，會覺得很不可思議，因為這兩種概念在我們對人認識的概念框架中是互斥的。也就是說，我們的概念框架認為熱心服務人民的人不會貪汙，而貪汙的人不會熱心服務人民。所以，當這種情況發生時，我們可能覺得之前都被這個政治人物騙了，原來他根本不是真的熱心服務人民；另一個想法則是不相信其貪汙。這在概念框架的選擇上，依據不同的情緒或是理性作用，便會導致不同的選擇；然而，無論是哪一個選擇，都

4　對於探討如何降低第一印象的不良影響，請參考（Luchins 1957a, 1957b）。

可能是錯的。因為，這種概念框架很可能只是一種對人的錯誤解讀。一個人當然可能熱心為民服務同時又貪汙，每一個人都會同時具有這兩種心態，除非是完全沒有金錢欲望的人，或是正在努力修行的人，抑或是對自我認同看得比一切都高的人。否則，有誰能毫無貪汙之心呢？問題只是在於金額大小的誘惑力以及被抓到可能性的一種衡量而已。因此，若要對人正確理解，光是有理性的選擇概念框架是不夠的，而是必須先建構一套真正屬於人性的正確概念框架。

四、概念框架的轉換

對人的第一印象，形成一個最初理解此人的概念框架，而這種概念框架會隨著互動增加而改變。原本的好人可能會變成壞人，而壞人也可能會變成好朋友；原本不打算進一步交往的，也可能轉變成最想進一步交往的；反之亦然。

另外，我們在與人相處一段時間後，可能改變概念框架而產生新的交往模式。舉例來說，小花心中與朋友相處的概念框架有兩大類，第一，不熟的朋友。依據這個「不熟朋友」的概念框架，當小花面對不熟朋友時，許多心中的話都不能說、也不能請人幫忙做事情、相處時要有禮貌。當她用這樣的方式和不熟的朋友相處時，基本上不會發生什麼不愉快的事，而且也能預防萬一錯誤認識朋友所導致的問題。然而，當互動一段時間後，小花可能把這種不熟的朋友歸到另一類稱為「好朋友」的概念框架。在這個概念框架中，跟好朋友什麼都可以說、可以信賴、互相幫助，這樣的轉變可以更深化彼此的友誼。

然而，這種概念框架的轉變可能會發生一些問題。例如：小花轉變了概念框架，但是另一方卻還沒有這麼做；這時，兩個人

用來相處的概念框架不同，就可能導致問題。或者，兩人都轉變了，但雙方「好朋友」的概念框架不同，也一樣容易產生相處上的誤解。

在我最初當大學老師的經驗中，由於我跟學生的相處模式和一般師生關係的概念框架不太符合，例如：我不太會說教，而且會跟學生一起打球、閒聊，甚至一起到外面的打擊練習場練習、參加他們私下舉辦的聚會。對學生來說，我的種種行為比較不符合作為一個老師的概念框架，因此，發現有些學生根本就已經將我轉換成「朋友」的概念框架來相處了。

但是，在我使用的概念框架中，卻仍是師生關係，只不過這種師生關係的框架不同於傳統臺灣社會模式，或許較為類似美國的師生框架，雖然在日常生活中像是朋友一般，但對我來說，仍是老師的身分，依據師生關係的概念框架在思考。因此，在相處上我和某些學生使用了不同的概念框架來理解我們的相處模式。最明顯的一個衝突，在於他們會要我開車幫忙載東西，而這在我的概念框架中，並不是需要提供的服務，而且在我的概念框架中，除非逼不得已，否則找老師幫忙開車載東西是個離譜的要求。

當我剛開始聽到這樣的要求時，一開始會以為沒有其他人可找，所以只好找我幫忙。但是後來發現，我竟然是該學生第一個找的人，這讓我非常驚訝。因為從我的「師生」概念框架來看，會覺得這位學生怎麼這麼不懂禮貌。但是，一段時間後，這樣的情況愈來愈常發生，愈來愈多學生會找我幫忙載東西，甚至還發生被拒絕後不太高興的情況。原因並不是大家看到我幫人載東西就也來找我，因為我從沒答應過，而且這些要求我幫忙載東西的學生大都是個案，彼此看不出有什麼關聯。另外，我發現這也不

是由於現在的學生愈來愈會利用老師，或愈來愈不懂禮貌的關係，因為，根據我的觀察了解，他們不會去找其他有開車的老師幫忙。那麼，這究竟是怎麼一回事呢？

我後來思考發現，從概念框架的角度來看就一目了然。首先，他們並沒有和我一樣的師生概念框架，我的概念框架可能建構於比較特殊的個性，加上在美國所受的教育而形成的。當他們沒有這樣的概念框架，自然無法像我一樣，用我這種師生概念框架相處。而我和他們相處的互動模式，則會落入比較不同的概念框架中，當兩者使用不同的概念框架思考時，便會產生許多格格不入的情況。

我跟學生的互動可以分為兩大類，第一類是一直感覺到相處起來很彆扭的人，這些人始終使用傳統臺灣社會習慣的師生概念框架來跟我相處。然而，另一類學生就不同，由於我跟他們的相處模式相較於一般臺灣社會的師生關係，其實還更像是朋友的關係。也就是說，他們根本就使用「朋友」的概念框架來跟我相處。既然是朋友，要我幫忙開車載東西則是很自然的要求，而且第一個就想到我，事實上是因為比較看重我呢！我還應該感到高興才對，至於被我拒絕而生氣，當然也就很自然了。

所以，當我從概念框架的運作來解讀這整個狀況就很清楚了。然而，當這樣的衝突出現多次後，許多同學會逐漸重新用傳統師生的概念框架來跟我互動，而思考較敏銳、較具有可塑性的學生，可能會逐漸創造出與我的認知中相似的這種「半師生半朋友關係」的概念框架。當他們將跟我的互動模式換作這種新形成的概念框架來理解時，誤解就會逐漸減少，相處也會更融洽。

類似情況其實在日常生活中並非少見。例如：在我進軍中服役時，雖然我是一名軍官，但是，軍中有很嚴格的階級差別，對

於我的上司我也必須絕對服從，他至少可以決定我能不能休假、需不需要加班，以及哪些事情分配給我做。在這種關係上，我當然不可能像朋友一樣跟他自在相處。但是，一段時間過後，由於我們有幾次下班後一起在外面吃飯、應酬、喝酒，相談甚歡，就像是朋友一樣，因此，我就開始將跟他的互動模式轉變成朋友的概念框架來運作。剛開始還沒什麼問題，但有一天，某件事情因為沒做好而被他罵，這幾乎讓我完全無法接受，因為我無法忍受「朋友」這樣罵我。因此，我再將他轉換成「上司」的概念框架來相處，結果我們出去時又把酒言歡，這再度讓我難以自然的跟上司喝酒閒聊。當時我就想，這些職業軍人怎麼有辦法在這方面轉換得這麼自然呢？

從概念框架的角度去理解就不難發現，軍中早已建構這種是上司又是朋友的概念框架，而且知道其中如何拿捏，而對於我這種剛從學校畢業的人來說，「上司」與「朋友」的概念框架是格格不入的，所以難以在其中找到調和的地方。但是，經過這樣的調和之後，我的「上司」與「朋友」的概念框架都多了些許彈性，這種「半上司半朋友關係」的掌握，讓我在未來與人相處上有更多彈性選擇。一個好的概念框架，能讓我們在與各種人的相處中，知道如何拿捏得恰到好處，進而產生更好的人際關係。

我們跟人相處大都依據著一個概念框架，首先定位一個人的歸屬，然後依據這個概念框架來決定相處模式，這種處事方式最有趣的，大概就屬男女關係的變化。

假設在某個浪漫的時機點，一夕之間兩個人從普通朋友變成男女朋友，然後彼此講話方式、行為方式、互相容忍的能力、互相要求的事項，以及對對方行為的期待等全變了。而且，大家也都覺得這樣的變化是理所當然的，這真的很不符合正常人的心理

變化。這也難怪許多在當朋友時毫無問題的相處狀況，變成男女朋友之後問題就變多。我想，概念框架的轉變扮演著一個很重要的問題製造者角色。

舉例來說，前一天還是朋友的時候，男生開車順道載女生回家，當女生從普通朋友的概念框架來解讀男生行為時，即使遲到十分鐘，女生還是很感謝，因為普通朋友沒有義務要載她回家。但是，當天晚上他們出去約會便談起戀愛，開始以男女朋友相稱。隔天，男生說好要來載女生回家，但卻遲到了五分鐘，女生便從男女朋友的概念框架形成一個不同的想法，認為男生不應該約好了還遲到，因而感到非常生氣。這就是概念框架轉換後，導致整個想法與價值判斷的改變。

有些概念框架變過去容易，變回來很難。像是一旦變成男女朋友就很難變回原本的普通朋友，就算改變處事方式，但情感上仍會很不一樣。當夫妻間因為常常吵架而互相討厭之後，或許未來仍可逐漸改變而和平共存，但卻很難回到原本甜蜜的感覺。

不僅是對人，我們在對事物的理解上，也會有這種概念框架轉變的問題。例如：有些食物在發布某種新的醫學發現後，從好吃的調味料轉變成致病物質。多年前味精就扮演了這個角色，大家一窩蜂的開始不吃味精，把對味精原本的「好調味料」之概念框架，轉變成「有害物質」的概念框架；但事實上，後來的醫學發現，那個對味精的研究，根本就是一個錯誤的研究。但是，有趣的是，這樣的消息卻很少人知道，日常生活中仍舊瀰漫著味精有害的氛圍，在概念框架的選擇上，有些選擇是比其他選擇更容易讓人接受的，我們寧可繼續相信其有害而不吃它，也不要吃了之後才發現其事實上真的有害。也就是說，某些概念框架容易轉換成其他類別，但卻很難轉變回來。

五、概念框架中連結的優先次序

概念或是命題間有許多連結經常不能同時成立，而且有優先次序。當我們只考慮一個連結時，該連結或許可以成立，但是當我們考慮其他連結時，該連結可能就被忽略而不成立了。

以「健康」這個概念來說，假設有 A、B、C、D 四個人，A 沒生過病；B 只生過一次病；C 很少生病；而 D 常常生病。那麼，從一般對「健康」的概念框架來看，我們可以說，A、B、C 三個人都算是很健康的。基本上，在日常生活中如果有人這麼說，大多數人不會對這個看法有疑問，因為在「健康」的概念框架中，的確有「少生病」這樣的條件，而上面 A、B、C 三個人都符合這個條件。

我們在前面第二章談到蘊涵關係時提過，此觀念事實上是來自一種錯誤的邏輯思考，這樣的錯誤源自於「健康的人少生病」並不蘊涵「少生病的人就是健康的人」。這種人類自然而然的思考型態，在日常生活中還滿常見的。在這個例子中，如果我們只考慮生病次數的條件，那麼，我們不僅可以推出「A、B、C 三人都算健康，但 D 不健康」這樣的結論，還可以推出 A 比 B 健康、B 比 C 健康，而且 C 比 D 健康，因為在這個概念框架中，我們認為愈少生病的人愈健康。

然而，考慮更多連結條件時，情況就會開始改變。例如：D 雖然常常生病，但是已經活到一百歲，因為生的都是小病。這時我們會感到疑惑，D 真的不健康嗎？疑惑來自於概念框架中的不同條件產生了衝突。雖然「健康」與「常生病」是互相衝突的，但「健康」和「長壽」卻又緊密關聯。我們會認為健康的人比較長壽，因此，當一個人同時具有「常生病」與「長壽」兩個特質時，在「健康」的概念框架中就形成了衝突，那麼，他究竟是健

康還是不健康呢？

在面對這種衝突時，我們就可以看出人們思考中的概念框架是不太一樣的，有些人會認為：「只要常生病，無論如何都不能算是個健康的人」，但有些人卻主張：「只要是長壽，無論如何都可以算是健康的人」，當擁有這兩種不同概念框架連結的人在辯論時，大概就不會有什麼結果了，因為他們的概念框架已經不相容，甚至可以說，他們已經在使用不同的「健康」概念做討論；這幾乎就像是他們已經在講不同的事情而不自知。對於比較會妥協的人來說，或許會說：「生小病不算生病，所以 D 事實上可以說沒什麼生病，那麼自然算是健康的。」

這樣的做法就是重新定義（小病不算病），而硬把原本不相容的東西塞入概念框架中；而這事實上也等於是把概念框架做了一些改變來融合目前的情況。簡單來說，由於一個概念的意義相當程度的取決於其概念框架，因此，概念框架改變後，也可以算是修改了概念的意義。

問題的關鍵點並不在於 D 究竟算不算健康這個單一問題，而是在於日常生活的概念框架會產生這種連結衝突的現象。我們只能說，日常生活的概念框架並不是一個完備且一致的框架[5]，

5　「完備且一致」這個詞彙基本上是針對一個數學或是邏輯系統來說的，如果一個系統是一致的，那麼，依據這個系統推算規則絕不會造成矛盾現象。如果一個系統是完備的，那麼，所有正確的命題或式子都一定可以在這個系統中被證明。因此，我們很容易可以看到，日常生活中的概念框架並非一致，因為其不難導出矛盾，至於算不算完備就很難說了，因為每個人的概念框架都或多或少有些差別。依據現代數學家哥德爾（Godel）在1931年所提出的證明，當一個系統所談論的範圍超過自然數的大小時，則不可能是完備且一致的。也就是說，由於我們日常生活所談論的範圍應該已經超過了自然數的大小，即使我們想建構一個完備且一致的日常生活的概念框架，也是不可能的。請參考（朱水林 1993）。

因此，會產生這種衝突是很難避免的。當衝突產生時，我們便看到「健康」這個日常概念並不適用於 D 這樣的狀況。所以，我們就不要用「健康」這個概念框架去理解其狀況。但是，讓 D 跟其他人比較健康狀況卻是可以的，例如：某個人 E 也活到一百歲了，但 E 比 D 還更常生病，而且生過幾次大病，那麼，我們還是可以很放心地說：「D 比 E 還更健康」。

那麼，我們現在來看 C 又如何。C 今年二十歲，而且很少生病，他平均兩年才生一次小病。因此，我們自然會說，C 是健康的人。然而，雖然 D 並不適用於「健康」這樣的概念來討論，但是我們可以試著讓 C 和 D 來比較，這兩個人誰比較健康？一個人能夠沒有大病活到一百歲是很少見的，而一個人很少生病活到二十歲卻常見，雖然在「健康」的概念框架中，C 比 D 更符合健康的概念框架；但是，或許 D 又比 C 更符合健康的基本精神。照理說，一個更符合健康精神的狀況，應該要在其概念框架中更受到肯定，但我們可以看到事實上卻不是這樣。因此，在這裡我們一樣會發生困惑，而這困惑也沒有解決的必要。因為，日常生活的概念框架本身就可能產生這樣的問題，除非我們重建整個日常生活的概念框架，否則只要發現概念框架在這類地方會發生問題，就算是解決（或更好一點的說法是解消）這個問題了[6]。

---

6 「解決」與「解消」的差異在於一個問題是否真的有解答，如果一個問題有解答，則我們嘗試去尋找這個問題的解答，然後「解決」它。例如：某某大亨有多少財產？我們的銀河有多少顆恆星？生命是如何開始的？這些都是有解答的，即使我們目前還不知道，但總是有個解答在那裡等待著我們去發掘。即使那些看似已經無解的問題，例如：馬英九先生生下來的第一百六十八天早上吃了什麼？這或許已經不可能找到答案了，但事實上的確有個答案在那裡，這也還算是有解答的問題，只要有解答就可以嘗試去解決。然而，有些問題是沒有解答的，因為問題本身就出現了

　　現在我們現在來看 B 的情況。B 雖然只生過一次病，但他只有十歲，而且生過一次大病，我們還是會認為 B 比 C 更健康嗎？另外，我們再來看從沒生過病的 A。A 從沒生過病，一直活到一百二十歲，這大概是最健康的人了。但是，他昨天過世了。那麼，我們會說他比 B、C、D 都還健康嗎？我們或許會說，在他活著的時候比誰都健康，但是我們不會說他現在比誰都健康，因為，「健康」這個概念框架只適用於還活著的人，而不適用於已經過世的人。

　　從這個問題出發，我們可以問一個問題。假設有一個叫做 F 的人，其一生中大小病不斷，但也已經過世，請問 A 和 F 現在誰比較健康？這個問題如果真的討論起來會很有趣，也可能會引發一些精彩的辯論。例如：F 是火化的，所以已經沒有任何病菌纏身；而 A 是土葬的，而且剛過世不久，病菌可能都還在。所以，F 比 A 還要健康。

　　然而，這樣的討論或許有趣，但實在沒有什麼實質意義。因為，他們的情況已經超過「健康」這個概念框架所能負荷的程

錯誤。例如：先有日出還是先有日落？這個問題不會有解答，因為依據定義，日出、日落根本就是一個循環現象，而循環現象無所謂先後，這是「循環」與「先後」兩個互不相容的概念框架混亂的結果。或者，我們可能會問的是，地球形成的那一瞬間，站在地球上臺灣的位置是看到日出還是日落？從當今科學來看，這個問題看似有意義，事實上也是個沒有解答的問題。因為，依據當今科學的看法，地球的形成是逐漸慢慢轉變的歷程，它不是一下子被製造出來的，所以沒有所謂的「形成的那一瞬間」。因此，這也是混淆了兩種不同概念框架所造成的語言錯誤而導出的沒有解答的問題，我們對付這些問題的方法是指出它的錯誤，讓這個問題消失而不再困擾我們，這樣的面對方式稱之為「解消」。如同二十世紀德國哲學家維根斯坦（Ludwig Wittgenstein）認為，許多看起來很複雜、很深奧的問題，事實上只不過是語言誤用所導致的問題，而不是真正有意義的問題，請參考（Hacker 1999）或是中譯本（哈克 1999）。

度；或者說，他們實際上已經不屬於「健康」這個概念的應用範圍。即使說出一個有說服力的答案，其所說的「健康」，已經與日常生活的「健康」概念有所不同，這種情況幾乎可以說已經在談論與健康無關的東西了。

在哲學上有許多問題很有趣，其趣味就在於跳脫了原本的概念框架之後，可以發現不同的思考角度。例如：一個為了愛護動物而吃素的人，可不可以吃一隻自願且期待被吃的豬呢？只要超越了日常習慣的概念框架，我們往往會發現一些問題很有意思。但深入討論後，未必有什麼精彩的理論可以挖掘出來，有時只不過就是語言（及其相關的概念框架）的混淆與重新界定而已。但當然有時也會因為這樣的思索，無意間發展出一套新的思潮。

六、互相競爭的概念框架

在科學上，一個概念框架可能被另一個概念框架取代而導致一場科學革命。例如：以太陽為中心解釋行星運動之理論所形成的概念框架，和以地球為中心的概念框架，在競爭過後由日心說獲勝而取代原本的地球中心說。此現象就如同著名的現代科學哲學家孔恩（Thomas Kuhn）所謂之「典範轉移」的科學革命。

一個科學革命的發生，通常會先出現一個目前科學理論的概念框架所無法解釋的特殊現象，這時該科學理論就會面臨挑戰，而如果這樣的挑戰愈來愈強，甚至到達原來的科學理論概念框架無論怎麼修改都無法解釋時，則可能會導致該科學的危機，進而可能出現一個可以解釋該特殊現象，而且又能解釋原本科學理論的一個新理論的概念框架。這時，這個新科學就可能推翻且取代舊的理論，而導致最後的典範轉移（Kuhn 1962）。所謂典範轉移，其實也就是用新的概念框架去取代舊的概念框架。

　　而在日常生活的概念框架中，我們也可以發現類似的變化。首先，有一個概念框架解釋某個現象，之後針對這樣的概念框架出現了所謂的異例（原本概念框架所無法解釋的特殊現象），如果異例的程度變大或是證據變多，而且無論原本的概念框架如何修改都不能合理解釋時，就可能產生另一個新的概念框架，這時可能會出現兩個概念框架互相競爭的局面，其中一個在某些想法或是證據更強時，便會取代另一個，而導致對該現象完全不同的解讀。

　　舉個日常生活的例子來說，老王和小花這對夫妻經過幾個月的吵吵鬧鬧之後，他們的婚姻關係已經出現危機。但是，最近老王發現小花有了一些改變，這個改變似乎對他們之間有些正面幫助。老王把這些改變整理如下：

1. 小花最近比較重視穿著、化妝與打扮，讓自己比較有魅力。
2. 小花最近比較常有笑容而且較少抱怨。
3. 小花最近較常增購一些新衣服、首飾以及化妝品等物品。

對於這些改變，老王的解讀為：「小花因為要讓自己更有魅力而採購一些衣服等物品，做這件事情的目的，是為了要挽回他們的婚姻關係」。而且，從小花經常保持笑容以及較少抱怨的舉動來看，顯然可以支持這個觀點。因此，老王產生了一個用以理解小花最近改變的概念框架。我們稱此概念框架為 A 框架，如下圖：

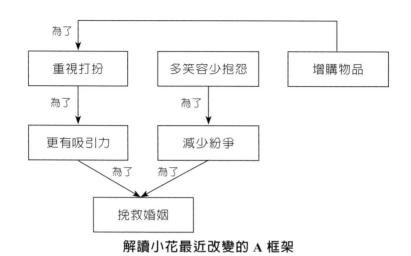

解讀小花最近改變的 A 框架

然而，有一天，老王在報紙上看見一則徵信社的廣告，上面寫著幾個外遇的徵狀，其中幾點是：

1. 突然變得重視打扮。
2. 心情突然變得比較好。
3. 突然有不明金錢購買的「禮物」。

這時，老王突然覺得小花有可能是外遇，因為剛開始有外遇的人，就會像剛談戀愛一般重視打扮以及心情變得較好，而且可能是和他吵架一段時間後，決定放棄這段婚姻關係而開始有外遇。所以在這種情況下，當然也就不再對他有任何抱怨了。更重要的是，買那些新衣服、首飾以及化妝品的錢哪來的？很可能根本就是外遇對象送她的。想到這裡，老王突然覺得原來自己都想錯了，事實應該是小花有外遇。這時，老王認知中產生另一個用以解讀小花最近改變的 B 框架，如下圖：

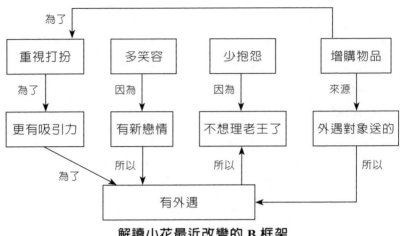

解讀小花最近改變的 B 框架

當解讀小花近來轉變的 B 框架在認知中出現時，老王覺得 B 框架是一個更合理的解讀，因為其能夠解釋的範圍比較大。例如：框架 A 難以解釋買東西的金錢來源，但框架 B 卻可以。因此，老王認為 B 框架應該才是事實，但是，具有理性思考能力的老王也不是這麼肯定；因為或許還有其他事情是他所不知道的。在這樣的情況下，老王在解讀小花最近的行為轉變上，有兩個不同系統的框架同時存在，但 B 框架略勝於 A 框架。

　老王為了求證，便打一通電話回家，看看小花在不在家。結果一連幾天，老王發現小花常常不在家，而且也沒有交代到底去哪裡。但是，晚上回家後卻覺得小花實在不像是有外遇的樣子，也就是在框架 B 中，「小花少抱怨是因為不想理老王」此信念與觀察到的狀況不太一樣；但是在框架 A 中，老王也很難解釋小花最近增購物品的錢究竟是哪來的。

　小王為了進一步探索事情真相，有一天，他偷偷請了假跟蹤小花。後來發現小花走進一家咖啡店和一個男人交談許久，這

時，老王心灰意冷，框架 B 完全征服了框架 A，雖然框架 B 的確還有一些難解的情況存在，但老王也不想深究了。他想著，想不到外遇這種事情竟然會發生在他身上，於是回家等待小花回來。心想自己過去實在沒有好好對待她，難怪小花會有外遇，如果小花想離婚，就乾脆結束了吧！小花回來後，老王便將一切說出來，但小花卻笑著解釋說，那個男人是她的大學同學，目前是一位專業婚姻諮商師，正是教她如何挽救婚姻的人。

這個解釋把老王的框架 B 澈底推翻了，由框架 A 取而代之。但框架 A 仍有難以解釋的問題，於是老王問：「那麼買那些東西的錢是哪來的？」小花笑了一笑說是祕密，老王也就不追究了；因為，可以接受的解釋其實滿多的。因此，這兩個互相衝突的概念框架的競爭就此畫下了句點，除非有新的證據再出現。

在日常生活中類似情況很多，當我們愈是小心思考，能夠形成的互相競爭的概念框架就愈多。在理性選擇各種不同的解釋之後，只要能夠找出一個最合理的框架，並且僅將其當作最可能的解答，而非確定的答案，那麼，我們看待事物的角度便會更客觀，誤解發生的機會就會降低，不必要的煩惱與衝突也會隨之大量減少。

然而，在實際生活中，當我們覺得某個用來理解某現象的概念框架很合理時，常常直接將其當作事實真相，而缺乏去尋找其他候選框架的動力，這時如果再加上較為衝動的個性，常常就會做出錯誤抉擇。就像三國時代曹操中了反間計，一時衝動而誤殺兩名水戰大將一樣。

而對於容易擔心的事情也是一樣，許多父母打電話給子女都聯絡不到時，就會以為發生了意外而增加許多不必要的煩惱。

　　一旦我們了解這些都只是一個合理的解釋框架，但未必就是事實時，行事就會謹慎，也比較容易會去思考其他解讀的框架，這樣的思維習慣能讓我們生活更有智慧，也更愉快一些。

第四章

從概念框架的形成、
改變解讀思考與知識

一個人的完整概念框架，幾乎可以說就是一個人的所有知識。尤其針對可以用語言表達的知識來說更是如此。而且，這樣的知識還不僅僅是一種靜態的、像是可以擺在圖書館的知識，甚至還包括這個人所有可能延伸出來的思考型態。當我們的思想與知識在改變時，也就是概念框架的改變，反之亦然。那麼，我們也可以藉由觀察概念框架的形成與變化，來觀察一個人的思想與知識的形成及變化。

一、天生的連結

在日常生活概念框架的形成過程中，最主要的一個決定性因素應該就是與生俱來的連結。這些連結在開始時，可能並不像是後天概念框架中連結的各種關係般明確。因為，嬰兒出生後一段時間內，可能還沒能建立明確的概念，最初的思考框架應該只是一個概念框架的雛形，而不是像我們現在較能用語言表達的明確狀態；而天生的各種連結應該也是這樣。

這些天生的連結並非只存在於人類，我們也可以在許多動物行為中發現類似的連結。然而，動物雖然具有某些像人類一般的連結，而且或許在某種程度上我們也還可以接受其具有某些概念。但是，牠們所形成的概念框架卻不同於人類，或許最大的差別在於牠們無法形成「命題」這樣的結構。換言之，牠們無法像人類具有可以用一個完整語句所表達的思想，更不用說命題與命題之間的關聯了，我想這也是在認知方面人類有別於其他動物的一個特色。

到目前為止，地球上除了人類之外，尚未發現什麼生物是可以具有這種類型的概念框架，也因此只有人類具有語句型的語言。由於大多數動物的各種能力多是天生的，我們也可以藉由發

現動物與人類共同具備的某些能力，作為其可能是人類天生能力的支持理由。

從前面所討論到的各種連結來看，至少可以看到「因果關係」與「聯想關係」兩種連結應該屬於天生的，因為，哲學家休謨很早就指出，我們無法觀察因果關係，但是我們卻可以用因果關係去理解事物。因此，如同哲學家康德所主張，因果關係應該是一種先天的結構。而由聯想關係所產生的制約現象不僅發生在人類身上，也發生在許多動物身上，當事物接連出現時，我們自然而然的會將其拉上關聯。許多家長也是用這種方式在管教小孩，只要不乖就打他，之後就不敢不乖了。這種將做了某些事而得到不喜歡之後果的學習方式應當是天生的，因為我們無法觀察到小孩在具有這個學習能力之前，如何學會這套機制。

但是，即使是天生的，也並不代表一出生就已具備這樣的連結能力或是思考能力，就像是對異性的愛慕是天生的，但也要到青春期之後才真正開始作用。

這種天生因果以及聯想的運作方式較為簡單直接，會和成人具備的複雜度不一樣，因為當成人在思考事物的因果關聯時，會考慮很多後天學習到的因素。

例如：有一天小明和鄰居小花在外面淋雨玩水，玩到全身都溼了，可是因為天氣熱，所以玩得很開心。玩了一陣子小明突然想到功課還沒寫，於是就告別了小花，跑回家寫功課。媽媽回家後，看見小明就很生氣的罵他不聽話。請問：小明的媽媽為什麼罵小明不聽話？而小花回家後也在寫功課，小花的媽媽回家後看見小花，卻讚美小花很乖，請問小花的媽媽為什麼讚美小花？

在我們的因果關係的思考中，這兩個問題都很容易找到一個正確的因果關聯。小明之所以被罵，可能因為衣服是溼的，而小

花之所以被讚美，應該是她在寫功課的關係，為什麼有這樣的差別呢？

我們可以有一些猜測。例如：小花回家後有換衣服，或者，小花的媽媽沒注意到小花的衣服是溼的，或是小花的媽媽回家比較晚，而小花的衣服已經乾了。但是，針對被誇獎與被罵的差別，我們卻比較不會用相同的解釋。例如：小明的媽媽討厭小明寫功課，或是小花的媽媽喜歡小花在外面淋雨玩水，因為這些可能性已經被我們後天的知識排除。也就是說，成人的因果思考事實上已經受到後天知識的影響，但是，在天生原來的因果關係思考中，連結方式不會這麼複雜。

從老鼠的因果關聯與聯想關聯來看，這兩個關聯在最初可能不會有什麼差別，都會將最近發生的兩件事情關聯起來。例如：如果給老鼠小灰吃一顆有瀉藥會拉肚子的花生，然後吃一片西瓜，之後小灰拉肚子了。這時，小灰會把「西瓜」和「拉肚子」關聯起來。因此，當你再給牠西瓜吃，牠就不再吃了，但是牠會繼續吃花生。之後，再給小灰吃會拉肚子的花生，然後吃一片吐司，小灰拉肚子之後會把「吐司」和「拉肚子」關聯起來。因此，當你再給牠吐司時，牠就不再吃了，但會繼續吃花生。以此類推，發生多次之後，牠會不再吃許多種食物，但仍舊不會去懷疑花生。

這種自然的學習方式對人類與動物來說都很重要而且很實用，因為日常生活所發生的事情其實不會像這種實驗室故意操作的狀況。自然情況下，如果花生真的是有毒，小灰總會有一次是後吃花生或是只吃花生的情況；那麼，牠未來也就可以預防再吃到這種有毒食物了。那麼，我們可以藉由這個小灰天生的概念連結，看看人類在聯想與因果方面的學習有什麼可以值得思考的地方。

　　首先我們可以發現的是，人類也習慣性地以時間上最緊密之發生事件的聯想來作為因果的連結。也就是說，聯想關係和因果關係在某些時候是息息相關的。例如：當兩個人在交談時，A 剛說完一句玩笑話，B 就生氣走了，這時 A 就會覺得：「B 怎麼這麼開不起玩笑啊！」這是一個在日常生活中經常發生且被錯誤解讀的行為。事實上，當一個人生氣離開時，大都不會僅僅是為了一句玩笑話，其影響的因素通常非常多，包括 B 對 A 過去的觀感、印象、了解，以及包括從一開始到最後的談話，而且還包括 B 當天的心情與壓力等因素。在日常生活中，許多事情的發生也是許多因素集合所產生的後果，但是，當我們在思考因果關係時，常常會把時間上最易聯想的事件結合起來，且當作唯一的因果關係來解讀；這應該是人類天生的概念框架連結方式。

　　記得在我離開美國的最後一個暑假，我參加臺灣留學生所組的一個壘球隊，這個壘球隊兩年來（在我加入前）保持了從沒贏過的紀錄，反正大家都是打好玩的，所以也不是很在意，但還是希望至少能留下一勝的戰果。有一天的比賽似乎很有希望贏，但是，一個三壘手和游擊手的交替失誤卻搞砸了比賽。我一時憤怒脫口而出：「那邊兩個在幹什麼啊！」講完後才發現，那個三壘手是我在美國最好的朋友。當下有點後悔，但又不知該說什麼。之後，那位朋友就再也沒來找我，而我又剛好面臨隔天博士論文口試及準備搬回臺灣的一大堆瑣事。直到我要回臺灣的前幾天，我把他放在我這邊的東西拿去還他，但他的態度冷漠，直到我說過幾天要搬回臺灣了，他才發現原來還東西不是要和他絕交。

　　從他的角度來看，我說了那樣的話應該跟他道歉，但一直等不到，等到的卻是要把他的東西全部歸還，這怎麼不令人心寒呢？而從我的角度來看，我那天講了不該講的話，那是因為我隔

天要論文口試，壓力太大，情緒根本不太受控，何況事先又沒注意到失誤的是他，所以應該是沒什麼。以我們的交情來說，這應該是可以體諒的，因此也沒特別去澄清。但這些都只是我的概念框架產生的想法，他並不具備相同的概念框架來理解這整個因果關係。如果他沒有什麼重要東西放在我那裡，我又急急忙忙回到臺灣，那麼，這個錯誤的因果解讀就可能永遠無法化解了。

其實這種情形最常發生在男女朋友的交往中。例如：當 B 向 A 提分手時，A 總會將他們發生的最後一次衝突當作是主要因素，像是：「我一時衝動打他一巴掌，結果他就不要我了」，好像一切都是那個巴掌造成的。或者，如果 A 發現 B 另有新歡時，則更會將新歡當作是分手的唯一因果解釋。然而，這些應該是屬於多重因素所導致的結果，而不適用單一因果關聯來解釋。

另外，兩個特殊事件的連結，也容易產生因果的解讀。例如：第一次去某個廟拜拜沒多久就中樂透，很容易把這兩者用因果關聯連結起來，以及當吃了某個特別的食物後，某個很難好的病就痊癒了，這時也會很輕易地將其用因果關聯連結起來。然而，這些自然而然的因果連結有時是不正確的。也就是說，這個幕後掌控思考的黑手不僅操控著我們的思考，甚至還操控著我們如何建立這個被稱作黑手的概念框架。

我們可以嘗試從神經的運作中，尋找一個解釋來觀察這個黑手的運作。在神經科學的證據中，所謂的海伯法則（Hebb's rule）主張，當不同的神經細胞同時運作時，它們之間就容易產生更強的連結[1]。這樣的證據可以解釋這種聯想式的天生連結方

---

[1] 海伯法則主張突觸前與突觸後的神經細胞在瞬間依序放電時，突觸效能便能夠提升。請參考（Edelman 2009，中譯本p.57）。

式。而以德國哲學家康德對因果連結的解釋來看，他認為「因果關係」的思考方式是人類天生的思考機制。那麼，大腦中應該有某種機制是專門處理因果關係的結構，如果真有這樣的結構，而聯想的關係如果落入因果的結構中，則會產生因果的連結，這種情況就可以解釋這兩者在許多層面上的互相影響。

如果大腦真是這樣在運作，那麼是什麼樣的力量促使聯想關係變成因果關係呢？在我們的天生思維習慣中，這樣的力量是否就是一個會導致錯誤的力量，而其運作方式究竟為何？我們又該如何避免這樣的錯誤？這是值得關心與思考的問題，只不過我們目前還不清楚這兩者在神經基礎上的交互運作模式是如何。

二、內心自然情感因素

人們內心的情感是否可以作為概念框架的一部分是有爭議的，因為，情感或許不能算是一種概念。例如：「快樂」這個想法當然是一個概念，但是這個概念所指涉到的快樂感覺就似乎不算是一個概念，因為概念所牽涉到的應該只是想法而不是感覺，但只要把各種感覺做抽象分類，轉換成可以用思想去把握它的型態，那才算是一般意義下的概念。

但是，由於情感的作用也會影響到概念框架的形成，而且情感的運作在某些層面也類似思維的運作，所以，當代許多哲學家認為，情感的運作也可視為一種思維的運作。因此提議當我們討論信念與知識時不能把情感排除，否則我們對各種知識與思維的理論就會是不完整的。

從這個角度來看，把情感算作是一種概念，或至少是概念的一部分，並非一定是件壞事。然而，我並不認為有必要針對這個問題在這裡提出一個結論，因為至少到目前為止，可以確定情感

會對概念框架的形成與改變產生影響，那麼，我們便可以討論其影響與作用，至於是否該將情感放在概念框架中，這倒是其次的問題。

　　情感對概念框架的影響，最明顯例子在於思考問題時對現成概念框架的選擇。前一章在對概念框架的選擇部分已經提到過，我們在認識人時，有很多種不同的概念框架可以套用，通常我們會用第一印象將其歸類，而且使用這個第一印象所形成的概念框架去理解一個人（Luchin 1957a, 1957b）。這也是為什麼在人際關係中，第一印象是很重要的。因為有許多人一旦套用了一個概念框架去理解一個人，便很難再從那個概念框架跳脫出來。如果這樣的人正好是你的公司老闆，萬一你給他的第一印象很不好，那麼幾乎已經決定你在這間公司沒有前途了。

　　然而，針對那些思考能力強，而且很容易轉換概念框架的人來說，第一印象就比較沒有什麼太大影響。而影響第一印象一個很大的部分就是內心的情感，籠統的說，就是一個好的感覺或是不好的感覺。如果別人給我們的第一印象是好的感覺，那麼我們就會傾向於用比較好的概念框架去理解一個人，因而容易覺得他是好人、聰明、能力好、認真、誠實等。

　　反過來說，如果第一印象不好，則我們傾向於不信任他、覺得他可能會很混、能力不足。從這樣的反思可以看到，從第一印象幫我們選擇的概念框架中，連帶傳遞了很多訊息。然而，這些訊息具有多少有意義的參考價值呢？如果我們是一家公司的主管，面試新人時，有相當大的成分會依賴第一印象以及由第一印象所選擇的概念框架，還有這個框架中所帶來的各種訊息。而且如果由於時間急迫，必須馬上決定錄取或是不錄取時，這個思維過程就很容易導致錯誤。

　　舉例來說，在大學甄試的面試會場上，一個態度誠懇、面帶微笑、聲音優雅、舉止大方、穿著乾淨且正式的面試學生，可能會給教授們一個很好的印象，這個印象會把「好學生」的概念框架套入，來理解這位學生。而在「好學生」的概念框架中，與其連結的概念包括「用功」、「誠實」、「認真」等。在這樣的情況下，當面試學生說：「我計畫上大學後要用功讀書、上課認真、絕不無故缺課，希望好好培養自己。」由於這樣的說法與教授們用以理解這個學生的概念框架相符，就比較容易讓教授們相信，且因此較容易獲得入學機會。

　　反之，如果一個甄試學生穿著隨便、儀容不整、聲音沙啞、談話粗俗，那麼，教授們的第一印象就會比較不好，而傾向於將其歸類為「壞學生」。而一旦這個「壞學生」說了一個和前面那位「好學生」一樣的話，那麼，教授們就傾向於認為，他只是為了面試才這麼說，或甚至認為他在說謊。如此一來，其入學機會就會降低。

　　然而，我們仔細想想就會發現，這樣的思維方法不值得信賴。因為，這些表面功夫都是很容易偽裝的。但是，當人們內心自然情感流露時，如果不加以阻止，便很容易讓這樣的黑手思維有機可乘。

　　這些第一印象的內心感覺，很容易讓我們只選擇一個概念框架來理解人。這樣的選擇大體上或許有參考價值，但是，當整個概念框架被套入之後，其他伴隨這個框架而來的連結就更有問題了。我們無法在前面例子的第一印象裡，發現這個學生究竟是不是一個誠實或是聰明的人，但是由於這些是「好學生」的屬性，而在情感上我們將其當作好學生（也就是用「好學生」的概念框架去理解這個人）。這時，在幕後操控思維的黑手就會自動產生

這樣的推理，反之亦然。也就是說，如果不重視外表的愛因斯坦去參加甄試，除非他已經可以拿出傲人的成就，否則也很可能會被認為「不聰明」和「不誠實」而被否決了。

即使我們對一個人有了第一印象，而且已經套用一個概念框架在理解他，但認識久了以後，可能會發現第一印象是錯的，因為他可能不符合我們用以理解他的概念框架中的某些連結。例如：在一個公司中，我們對小王的第一印象所產生的概念框架，其中有一個連結是「不值得信賴」，但是，小王卻往往帶回勝利的消息，也經常在重大的行銷案有出色表現。這時，我們可能會認為第一印象是錯的，因此，可能會對小王說：「過去我誤解你了，今後要對你重新評價。」事實上也就是換一個概念框架來理解他，把原本具有「不值得信賴」的那個概念框架移走，換一個沒有這個連結的概念框架來理解小王；這是第一種可能性。

另一種可能性在於保留原有的概念框架，而只把「不值得信賴」的連結去除。除了這兩種可能做法之外，在日常生活中還存在一種常見的做法，就是保留原有的概念框架完全不變。這時，小王依舊是「不值得信賴的人」，而在這個明顯不符合此概念框架的情況下做解釋，即是：「小王最近運氣不錯」。

當我們不喜歡一個人的時候，如果這樣的不喜歡根本就是源自於第一印象，這樣的不喜歡就不會讓人有意願轉換概念框架，甚或修改概念框架來重新理解一個人；或者若這位主管到處跟人說小王不行且不願承認錯誤，或是主管屬於難以轉換概念框架的人，在這些情況下，都會造成小王無法在這家公司翻身的窘境，無論他在客觀上表現得多好都沒有用。

如果真的遇到這種情況，一個人們常用的花招會很有用，就是拍馬屁。選擇這位上司自認為不錯的優點多加讚美，而當上司

失敗時，就在旁推說是別人的責任，這就比較不會拍過頭讓人感到很虛偽，也會讓上司對你有好感，然後開始轉變新的概念框架來理解你。而這個新的概念框架一定會包含「說實話」的連結，且有這個連結的概念框架通常都不會太差，如果你原本表現得又不錯，有「說實話」的這個概念框架，很容易接納「能力強」的連結。因此，便有希望讓原本討厭你或是固執的人，可以使用全新的概念框架來理解你。

如果上司對你有很深的成見，而且這種成見很難在你有出色表現的時候造成變化；那麼，這位上司很可能是那種被情感牽動思考的人，而這時他對你的概念框架通常都是不好的，而不好的概念框架很容易與「說謊」的概念連結。如果你開始說他好話、讚美他，這時他（不知不覺中）自然不太願意認為你在說謊。那麼，他用以理解你的概念框架與這種心情產生了衝突，他在情緒上便容易轉換一個「說實話」的概念框架來看待你，這時如果正好你的客觀表現不錯，新的概念框架就會容易連帶承認你的能力強，此一轉變下，很多好的連結會接踵而來，如此你就可能前途無量了。

然而，另一個類似的情況是，某一個人小李給上司的第一印象不好，能力表現也很平庸，這時想要靠拍馬屁來贏得升遷，如果拍馬屁技巧又不是很好，很可能會讓上司覺得這個人不但人格差、沒能力，還只會拍馬屁，便會導致更糟的結果。所以，不要以為拍馬屁就是最有效的萬靈丹。

在上面的例子中，我們發現有些理解人的概念框架之轉變，在於我們對一個人因為某些緣故突然產生了好感，而用完全不同的概念框架來解讀對方，這在日常生活中其實常常發生。例如：不打不相識。從沒有衝突的兩個人對彼此的第一印象都不

好，也因為這樣所以互看不順眼，而沒什麼往來，一旦起了衝突之後，雖然衝突本身是不愉快的，但卻發現對方的某些個性讓自己產生了不再討厭的感覺，因此放棄了原來的概念框架而重新理解一個人，這時反而可能導致兩個人開始結交。當然，並不是所有的衝突都會有這樣的結果，必須在衝突中出現某些讓人欣賞、但原本沒想到的屬性，才可能產生這樣的後果。

　　如果一個男生喜歡一個女生，但是這個女生對這個男生的第一印象很差，所以這個男生想邀約這個女生都被拒絕。在無計可施的情況下，或許製造衝突會有改變的希望。但這種情況只發生在誤解來自錯誤第一印象所形成的概念框架，以及在衝突中能夠讓對方發現你的（對她來說能產生好感的）優點，這樣就比較會有後續的希望。產生好感之後，她會重新用不同的概念框架來理解你，那麼至少能夠擺脫過去不佳第一印象的影響。這也就是為什麼在日常生活中，我們常常發現兩個明明一直互相討厭的死對頭會在起了一些衝突之後，反而開始交往。

　　情感作用除了在人事物與某些概念框架連結的選擇上有所影響之外，某些概念間的連結也相當程度地依賴情感作用。例如：以「助人」與「快樂」這兩個概念的連結來說，我們從小都學習到「助人會產生快樂」的說法，但是，實際上親身體驗卻不一定如此。因此，許多人將「助人為快樂之本」這樣的說法當作只是一種道德口號，用以在社會上欺騙人們的道德觀而已。那麼，其連結就只是一種口號式的連結，而不是真正有這樣感受的連結。或者，好一點的狀況是認為，幫助別人會有比較好的人緣，而比較好的人緣會使我們得到快樂，因此助人會得到快樂。這樣的說法，則是用一種間接推理式的方式來連結「助人」與「快樂」，而這也違背了助人為樂的真正本意。

　　這裡面的問題如果從儒家的良知理論來看，則有一個很好的解釋。許多人是處在一個良知未被開啟的狀態下，當良知尚未被開啟時，助人時內心不見得會感到快樂，但是，一旦一個人的良知被開啟了，助人本身就會帶來很大的樂趣，而這才是助人為樂的原本意義。然而，如果我們要正確建構這樣的概念框架，「助人」與「快樂」兩個概念的連結則是一種情感上的連結，而不是一種口號或推理上的連結，當我們的良知開啟而且真正感受到助人的快樂時，這兩個概念就以這種情感緊密地連結起來，而形成概念框架的一部分。

　　因此，從這個角度來看，如果要教育人們具有這種正確的概念框架，不能光用標語、口號的方式，因為這些方式無法建構我們期望產生的情感連結，而必須讓人感同身受的在情感上連結，這兩個概念才能真正學會這樣的概念框架。這也是為什麼許多學者主張，品德教育需要藉由實際的情境體驗來學習，而不是藉由教條制約。

　　另外，在日常生活中，許多家長喜歡讓小孩去學習樂器，有些家長很嚴格，為了小朋友學習好而嚴格監督，並且予以處罰，讓小孩因為恐懼而不敢偷懶。但在這樣的學習狀況下，「樂器」與「恐懼感」會形成一種情感上的連結，這樣的連結會讓小孩愈來愈討厭學習樂器。然而，這樣的連結或許會在未來經由學會樂器所產生的快樂與成就感，進而降低這種負面情緒，但如果成就感一直沒有建立起來，這樣在小孩的概念框架中，「樂器」與「恐懼感」的連結會愈來愈強，最後可能會導致其學習樂器的情緒障礙。

　　不同的人，由於內心自然情感的不同，就會產生不同的概念框架。在這種情況下，誤解幾乎是無法避免的事。在日常生活

中，最鮮明的例子就是男女之間的溝通。兩性之間許多內心自然情感是不同的，例如：女人比較需要安全感，而男人對成就感比較渴望；女人在情感上比較專一，男人則比較沒有這種現象。假設有一天，小王跟小花說愛她，小花很高興；但小花發現小王同一天也跟另一個女生說一樣的話，那麼小花就會覺得小王這個人在說謊而感到生氣。

　　小花這個推理所運用的概念框架就是感情的專一性。對小花來說，或許她也有可能同時跟不同的男人交往，但是在戀愛的情感上通常只有一人。當小花這種內心自然情感所形成的概念框架在運作時，自然會認為每個人都是如此。這樣一來，小王就不可能同時愛她又愛另一個女人；所以，便會認為他在說謊了。但是，在小王內心情感所建立的概念框架中，並沒有這樣的連結，他可能同時愛著兩個人而沒有衝突，女人常常很難理解這怎麼可能，而男人常常覺得這很平常。因此，反過來說，當小花跟小王說自己一直都只愛他一人時，在小王的理智思考中，或許只會將這樣的話當作是一種單純的甜言蜜語，而不會放在心上。這種誤解之所以很難釐清，是因為我們無法用自己的情感當模子去揣摩這種不同的內心自然情感，而只能在知識與推理中盡可能去了解不同的人。

三、社會習俗因素

　　社會習俗也是一個影響概念框架的重要原因之一。我們生活在一個群聚社會，這個社會在我們每一個人進入之前就已有各種社會習俗，而屬於這個社會中的多數人遵循著這些習俗生活著。當然，每一個社會都會有一些習俗正在被反對或熱烈討論中，但大部分的習俗是被大眾所遵循而視為理所當然。

　　這些被視為理所當然的習俗，就成了一種大家公認為正確的思維。這些思維形成共通的概念框架，而且這個概念框架被大眾默默接受。在這種環境成長的過程中，我們自然而然的吸收了這個概念框架，甚至在學會之後還不會發現我們有這樣的概念框架，一直要等到自己或是有人開始質疑它的時候，才自覺原來我們在沒有什麼理由的情況下，把這些事情視為理所當然。

　　舉例來說，學生要我開車幫忙載東西，以傳統師生關係概念框架來看，這是很誇張的事情，不太尊重老師。然而，從這樣的事情開始發生到現在已過了好多年，到目前我還找不到一個很好的理由來說服自己：「為什麼這是一個不該有的行為？」

　　事實上，幫忙載一點東西也沒什麼大不了的，而且當學生希望我幫忙時，大多也沒認為我有這個義務要幫忙；當被我拒絕時，大多數的人也沒有覺得怎麼樣。在這樣的情況下，好像也沒有什麼，不過感覺上就是怪怪的。

　　每次思考這種問題卡住時，就有一句話想脫口而出：「學生就是不能要老師幫忙載東西，這是不當的行為。」然而，為什麼在我們想不出好理由的情況下，還是會理直氣壯的這樣想呢？我想，這只能用傳統習慣接受的概念框架來理解了。

　　在我的成長環境所形成的概念框架中，老師若有什麼雜事應該由學生幫忙做，像是如果老師需要人幫忙搬東西、清理、收拾等，各種雜事應該由學生來幫忙。現在反過來老師要幫學生做這些事情時，這會跟習慣用來思考師生關係的概念框架起衝突。所以，當我們依據這個框架思考，自然會認為這是個不當的行為。然而，如果跳脫出這個框架，當我們理性的想找出支持這個價值觀的好理由時，我們卻難以找到，甚至會發現支持學生這種行為的好理由。因為，時代在改變了。

　　時代在改變，社會習俗也在改變，概念框架也跟著改變，一代一代下來，對於「尊師重道」這樣的概念框架已漸漸淡去，愈來愈多的老師為了更好的教育目標，而放下傳統師生關係的身段和學生打成一片，做一些原本在傳統概念框架中老師不會做的事情。而這樣的現象也會衝擊到學生對老師定位的概念框架，這個衝擊造成傳統概念框架對人思想的約束力降低，當傳統師生關係的某些觀念逐漸變淡之後，師生關係的概念框架就會跟著改變。雖然，目前還不至於要老師跟學生一樣輪流值日掃教室，但是，同樣地，為什麼不能呢？老師也是班上的一分子，是不是也應該以身作則，而不要擁有「特權」看著學生辛苦掃教室，自己卻在一旁坐享其成，還到處挑剔批評？這或許在未來會有所改變也說不定。當傳統的概念框架對人們思想的約束力開始降低時，就可能產生一些概念框架的革命，對於思考彈性比較弱的人，或是對於已經沉浸在一個概念框架過久而難以跳脫的人來說，這種改變幾乎是讓人無法接受的事情。

　　有時我們會鼓勵學生要有國際觀，擁有國際觀有什麼好處？我認為最大的一個好處就在於打破許多習以為常且認為理所當然的概念框架。我們會發現外國文化有些很離譜、很怪異的思考與行為法則，但若仔細去想，會發現那些行為法則好像也沒什麼不好，甚至比我們自己的文化習俗更好。那麼，我們就可學會其他不同、甚至互相衝突的概念框架。如此一來，我們便容易被訓練成有更寬廣的視野、更大的包容力，以及更有彈性的思路。

　　研讀歷史了解過去與現在概念框架的改變，也是一個很好的訓練方式；我們可以用過去、現在及（想像中的）未來三種不同的愛情與婚姻的概念框架轉變為例來說明。首先，中國早期社會是以男性為主的一種社會型態，結婚後男人是一家之主，且在其

婚姻結構上可以接受多妻的現象，即使沒有多妻，男人也比較沒有不忠的問題，但對女人的貞操卻要求嚴格。當生活在這種社會型態下，我們會認為這些信念與觀點都是理所當然的，女人的貞操「本來」就是非常重要的。例如：如果我們生活在早期社會，有一天，有個朋友說：「那個人真糟糕，昨天竟然跟人私通。」當我們聽到這樣的話，我們會比較傾向於認為他在罵的那個人是個「女人」。為什麼呢？因為男人做這樣的事情比較不會受到歧視或批評，由於說話的人正在批評有人私通，而「女人」的概念框架比較符合這種批評，因此，即使沒有說出性別，我們的概念框架會自動指定那個人是女人。

而在婚姻的概念框架上，一個男人若「人盡可妻」，則會被認為了不起，一個女人若被說成是「人盡可夫」，則是一句罵人的話。當我們生活在具有這種共通概念框架的文化下，也自然會用這樣的方式理解人事物，雖然從我們當代理性的眼光來看，這似乎是不公平的事情；但是，在古代卻會被大多數人認為是理所當然的道理。差別只在於我們套用了不同的概念框架在理解事物，古代人反而會認為我們這種「不公平」的觀念才是莫名其妙呢！這並不是古代平等觀不足的關係，而是「平等」該用在何處的問題。如果現代有人提倡人狗平權，相信也會被認為莫名其妙。

然而，現代社會型態開始轉變，女人較有獨立能力，開始反抗這些所謂的不公平思維。因此，傳統概念框架就受到了挑戰，對於那些概念框架已經根深柢固的人來說，要改變是很困難的；但對於概念框架還未如此根深柢固的人來說，則比較容易改變。而對於才剛開始認識事物、才剛開始學習概念框架的人來說，學習新的觀念完全沒有任何阻礙，這也是為什麼在社會習俗觀念改變時，總是會有代溝出現。

　　當新的一代觀念改變了，新的概念框架也隨之成形。這時，如果大多數人的概念框架都改變了，那麼，我們便有了共通的新概念框架，社會風俗習慣也就跟著改變。

　　以現代來說，一夫多妻反而是讓人難以接受的事情，而且，對於女人的貞操觀念也逐漸變弱。反過來說，對男人的貞操觀念卻增強了。這整個概念框架的轉變，可以說是依據「男女平等」的概念一起演變，目前仍舊在革命中的，還包括「家事是否為女人的工作」這樣的觀念。事實上，目前多數人還是認為家事是女人的工作，就算夫妻倆都在外工作時也不例外；但主張男人應該要「幫忙」。雖然這已經不同於過去認為男人進廚房是個禁忌，但是，顯然這個改變也還沒到達認為家事不是女人的責任。在男女平等這樣的概念框架下，在不久的將來，我認為大多數人將會改變概念框架，而不再主張家事是女人的工作。因為，我們也沒有什麼好的理由這麼主張。

　　另外，在能想像的未來，改變還包括整個朋友、戀愛與婚姻的結構。以目前趨勢來看，追求個人自由的想法愈來愈普及，不願意讓婚姻綁住自己的人愈來愈多，而「男大當婚、女大當嫁」的觀念也愈來愈薄弱。我們可以看見當今社會裡，生活快樂的不婚族逐年增加。另外，在劈腿方面，雖然還常常出現暴力相向的現象，但是，我們也發現許多人對於劈腿的寬容度也愈來愈大。而且，朋友與男女朋友的界線也逐漸模糊，現在已有許多年輕人認為，普通的男女朋友手牽手逛街散步並沒有什麼不對。在這樣的轉變下，目前對於男女關係的概念框架正在瓦解中，而未來成形後，又會是一個怎樣的狀態呢？

　　我想，只要這種自由思潮沒有改變，依據這股思維的力量，新的概念框架可能不再有理所當然的婚姻制度。那麼，如果多數人不再選擇當今這種婚姻方式生活，「男女朋友」與「普通朋友」的概念區別將會被破壞，而可能不再有明確定位。人們將會用一種不同的概念框架來生活，擺脫了現今這種概念框架之後，很難預想未來的新概念框架將是如何，但不會是澈底自由的無概念框架的生活。因為，人們基本上是難以在沒有概念框架的情況下思考，比較好的狀況或許是同時出現許多不同生活方式的概念框架讓人們選擇；而相對比較壞的情況，則是形成另一種固定的概念框架，而仍舊落入互相牽制的情形。當然，這裡所說的比較好與比較壞，則是依據現在自由思潮的概念框架所產生之評價。否則，我們也沒什麼可以評價其好壞的標準。

四、日常生活的習性與經歷

　　生活經歷會產生一些習慣性的思維，而這種習慣性的思維也會成為我們用以理解事物的框架。例如：在臺灣社會，如果有政治人物被爆料貪汙，即使在沒有任何明確證據的情況下，多數人會選擇相信，而將爆料者視為站在正義一方的英雄人物。這種用以理解與判斷某政治人物是否貪汙的框架，存在於大多數臺灣人的心中，這個框架主要應該來自於臺灣人民在過去的生活經驗中，對政治人物普遍不信任，以及認為貪汙情況十分嚴重的大環境所造成的印象。

　　而且由於臺灣人民對貪汙深惡痛絕，在寧可誤解百人也不願放過一人的隱藏情緒作用下，只要有點蛛絲馬跡顯示某政治人物可能有貪汙，便很容易相信。因此，在選舉過程中，這就變成打擊對手的一個好方法。在沒什麼明確證據的情況下，候選人都想辦法說對手貪汙，而藉此博得人民的好感以求當選。

　　然而，當大家都使用這個花招時，導致人民相信每一個候選人都貪汙，因而更強化臺灣政治人物都貪汙的概念框架。這種所謂的負面選舉，導致人民普遍對政治人物愈來愈沒信心。然而，這或許是一種被誤導的想法，這種誤導讓那些真正有明確證據貪汙的政治人物，與其他捕風捉影沒有明確證據且或許真的沒有貪汙的政治人物，被一視同仁而難以區別。這也是一個被誤導後的概念框架所產生的一個錯誤判斷，而且，貪汙問題在臺灣或許也沒有想像中這麼嚴重。

　　如果我們活在一個很少有政治人物會貪汙的社會，或是我們誤以為不會有人貪汙，那麼，整體環境觀感所造成的概念框架就傾向於認為別人沒有貪汙，除非有真正確鑿的證據，否則「政治人物」與「貪汙」這兩個概念的連結將會很弱，而讓我們比較不會這麼想。

　　所以，當我們剛去了解一個不同的文化時，從身處在這樣文化下的人們判斷與推理，可以看出這個文化的一些端倪。例如：如果有一天你跟一位新加坡人說他們的總理貪汙，我猜，他的第一個反應可能會是難以置信。從這裡就可以推論出新加坡人對於其國家政治人物的清廉度是比較有信心的，而這也可能顯示，他們國家被發現貪汙或被指控貪汙的情況一定很少。

　　當具有這兩種不同概念框架的人談話時，有些溝通上的誤解就可能會發生。例如：臺灣人對於主張某個臺灣政治人物貪汙可以很輕鬆地說出口，甚至沒有任何具體證據時也一樣。「啊！那位總統候選人一定也是貪汙啦！」除非剛好遇到那位候選人的支持者，否則，這種話在臺灣說出來沒什麼大不了的；甚至如果是外國人對臺灣人這麼說也沒什麼關係。然而，習慣這種概念框架的臺灣人到了國外和外國朋友相處時，如果剛好遇到外國總統大

選，可能也會脫口而出這種觀念，為的可能只是要表達對政治很有洞見。但是，當該國人民沒有這樣的概念框架時，會認為這是臺灣人對該國的一種政治歧視，甚至是對其國家的侮辱。

這種情況也可以從一個社會擴展到整體人類，或縮小到個人。從整個人類社群來看，目前大多數的文化與社群都以追求經濟發展為主要走向，因此，多數人就自然而然把這樣的想法形成理解人類社會變化的框架。當我們發現某個國家經濟發展停頓時，就自然會推理出該國政治人物能力不足，或是推論出該國人民一定對政府很不滿，但事實上，如果該國文化碰巧不是以經濟發展為主要走向，就可能產生錯誤的聯想與推理。

這種類型的概念框架是我們去理解不同文化時最大的阻力。例如：過去許多臺灣人民對臺灣的「有錢」很自豪，雖然從全世界來看，臺灣人民的平均收入最多只能算是中上，而不能算是富有的國家，但比起許多年平均收入差的國家或地區，卻可以引以為傲。當以這樣的觀點與其他文化相處時，便可能產生問題。例如：有些國家是以他們的文化引以為傲，而有些國家則以他們的武力或是體育等為傲。如果我們認為大家都是以經濟能力來衡量一個國家強弱，自然而然就會與某些其他地區的人有不同的概念框架，而在某些方面難以溝通。例如：某個臺灣人在某個平均收入較低、但文化水準卻很高的 C 國人民面前很自以為是，結果習慣用不同評價標準的 C 國人民很納悶，這個 C 國人心裡想：臺灣這麼小、武力又不強、文化水準也不高，為什麼這個臺灣人這麼自以為了不起呢？

在個人方面，一個很自私的人一點都不會想去幫助別人，也不會在幫助別人中獲得任何樂趣。但是，當幫助別人可以獲得個人利益時（像是可以提升個人形象），他是會去幫別人的。那

麼，這樣的人會怎樣去理解幫助別人的人呢？

　　在他的概念框架中，「幫助別人」與「獲得快樂」這樣的直接連結是不存在的。因此，他不會認為有人真心想要幫助別人，幫助別人的人若不是想間接獲得某些實際利益，就可能是為了獲得宗教上的好處，像是可獲得福報或上天堂等。因此，當他看見一個人在幫助別人時，就會用這樣的概念框架解讀此人的行為。當然，這樣的解讀有可能是對的，但是，如果有人真的純粹只是喜歡幫助別人，那麼，這個喜歡幫助別人的人就會在其概念框架理解範圍之外。

　　從這裡的討論我們也可以發現，一個人在理解他人的思想觀念時，也顯現出自己的特質。有一句諺語說：「自己是怎樣的人，就會怎樣去看別人。」或說：「當我們批評別人時，實際上是在批評自己。」這些話都清楚地點出了這種情況。

　　如果一個人心中常常覺得別人的某些善意行為背後都有不好的動機，那麼，這個人很可能只有在具有這些壞動機時，才會產生這些善意行為。當 A 女批評 B 女穿短裙是為了想要勾引異性時，我們可以推理出 A 女至少有穿短裙來勾引異性的念頭，否則她不會有這樣的推測。我們依據自己的經驗與內心的想法，形成對個人理解的概念框架，然後用這樣的概念框架來解讀別人的行為。當解讀的語言說出來後，自然就顯露出自己的概念框架，而由於這個概念框架來自於個人內心世界，因此某種程度上揭露了自己的內心世界。

　　當然，這並不是對他人行為提出解讀的唯一方式，我們的客觀知識也能形成對人理解的概念框架，而在自己毫無任何經驗下，對他人行為有所解讀，這種解讀就不是顯露任何自己的內心世界，而是顯露自己的知識。

　　個人經歷也影響著概念框架的形成，不同的經歷導致不同的概念框架。舉例來說，一個善於察顏觀色且關心別人者，通常會有很好的人緣，而別人大多也會用類似的方式對待他。因此，在他的經歷中，會感到世界上的人大都是很善良的。所以，具有此類特質的人們心中建立起的「人」的概念框架自然也就會比較正面。

　　而某些非常自私、貪圖個人利益、絕不犧牲自己的人在跟他人相處時，比較不會被大眾所喜歡，而人們通常也不喜歡幫助他、不願為他犧牲，甚至可能會跟他一起競爭小利益。在這樣的人的經歷中，「人」這個概念連結形成的概念框架，便會跟前面所敘述的那類人們很不一樣。

　　不同的人以不同的方式與人相處，導致不同的經歷，因而造就了不同的概念框架。此處影響的因素很多，甚至包括自己的長相都會有影響。例如：一個長相很有吸引力的女生到處都受人歡迎，依據她的經歷所產生的概念框架，大家都是很樂於助人並且態度和藹。但跟人交往後，就會覺得男人很愛吃醋、占有欲很強，但其實這個概念框架並不完全符合客觀狀況。而對吸引力比較差的人來說，依據個人經驗建構的概念框架就會有很大差異。

　　許多不同因素會導致我們有著不同的經歷，而這些不同的個人經歷，則會影響概念框架的形成，在人與人溝通時，這些不同的概念框架都以相同的名詞出現，如果沒有發現框架的不同，很容易導致溝通上的誤解。

五、錯誤概念框架的形成

　　我們在日常生活中會發現許多「老頑固」很難溝通，死守自己的某些觀點，這些觀點即使是錯的，也難以被改變。而事實

上，這樣的「老頑固」不一定年紀大（年紀老的人也未必是老頑固），非常多的年輕人在某些思想上也形成這樣的狀態。只不過因為大家習慣將「老頑固」的概念連結到「老年人」，所以比較不會注意到年輕人在思想上的頑固面，而改稱「很有原則」，甚至「很有個性」。

用這種比較好聽的辭彙對於具有頑固思想的年輕人來說是件壞事，因為這讓他們較不會反思自己的思維問題。我個人認為，只要是覺得自己的概念框架沒有問題的人，通常就是深陷這種問題最大的人。

之所以成為「老頑固」，主要還是因為錯誤的概念框架很難被發現，這和錯誤的想法不同。錯誤的想法比較容易被發現，而且比較容易被反證。但是，錯誤的概念框架卻無法經由簡單的反證被指摘出來，因為牽涉的層面較廣，有時屬於整套互相支持的思維系統。除非整個拿出來跟另一套思維系統一起比較，否則很難發現錯誤[2]。

以對股市現象的各種說法、理論為例，我們發現許多對股市有所研究的人，無論是專家或是業餘人士，常常有一個很特別的現象，就是對自己的觀點非常有自信。而且有趣的是，明明後來與其預測不同，仍非常有自信，覺得自己的觀點是正確的。而且，不同的人常常看法都不同，甚至背道而馳，我們可以確定的是，他們絕對不可能都是對的，但是我們發現這些人都非常有自信。所以，我們至少可以推理出，有些人事實上是以錯誤的概念

2　當我們說一個概念框架是錯誤的，事實上這是一個不好的說法。因為，概念框架有時只是一種對事物的解釋方式，或是一個觀點，觀點有好壞之別，但很難說是錯誤的。或許更好的說法是，因存在有更好的觀點，而從更好的觀點來看，某個概念框架是錯的。我想，這樣說會比較適當。

框架在解讀股市，但卻仍舊非常有信心，為什麼會這樣呢？一個錯誤概念框架的形成方式有非常多的可能性，以下將以一個最常見的例子來說明。

首先，一個能夠建構自己概念框架的人，至少是一個有自己想法的人，也就是會去思考並企圖得出自己的解釋的人。對於根本沒有個人想法的人來說，概念框架的形成主要是受到大眾影響，這些人即使成了老頑固，問題也不大，因為想法容易被改變。而對於有自己觀點的人來說，一旦建構起屬於自己的概念框架，通常就會很有自信，被改變的機會也相對變小。

以股市來說，當小黃對股市有了一些研究之後，他依據一些判斷得出一個合理的說明，簡稱為理論 T，然後依據理論 T 對股市做預測。當理論 T 的預測結果與後來股市的變化出現某些吻合之處時，小黃會提升對理論 T 的信賴程度，吻合的程度愈高，信心就愈強；吻合次數愈多，信心也隨之增強。即使有時以理論 T 預測卻出現完全相反的結果，也會以特例來解釋，或加上一些之前未考慮到的因素去合理化而不會輕易放棄理論 T。如此，理論 T 就逐漸形成一個解讀股市的概念框架。而且在小黃的心目中，理論 T 不僅合理且還是經過驗證的理論，他自然會對這個概念框架非常有信心且難以被動搖。

那麼，讓我們看看這個概念框架的形成過程出了什麼問題。首先我們要講的一點是，「合理的說明」和「正確的說明」之間的距離，事實上是非常遙遠的。我們通常認為一個合理的說明就很接近是正確的說明，但事實上，對於像是經濟、股市、氣象、政治、人事等複雜變化的現象來說，合理的解釋可以有很多個，而正確的解釋只有一個，從這裡就可以發現，一個合理之解釋的參考價值有限。

　　其次，必須特別注意的一點是：「結果正確不代表推論正確」。這個思想上的問題，幾乎在每一個人的思考中都存在，我們常常藉由預測正確來肯定我們用來預測的說法。例如：小明的爸爸跟小明說，不要在外面淋雨，不然會感冒，但小明又堅持玩了一會兒，才不甘心的回家。晚上小明開始打噴嚏了，小明的爸爸就說：「看吧！我就跟你說吧！」在這個例子中，小明打噴嚏不一定是感冒，而就算真是感冒，也不一定就是淋雨的結果，說不定是爸爸在哪裡染上的感冒病毒傳給小明，而跟淋雨說不定一點關係都沒有。

　　所以，當小黃的理論 T 真的吻合某些股市變動時，這並不代表理論 T 是對的。但是，如果一個理論經常性的吻合預測結果，那麼其可信度就自然提高了，因為總不會每次都是巧合吧 ?! 但是，問題在於到底怎樣的狀態會被認為是吻合呢？這裡又會出現問題了，當我們在檢證一個我們認為很合理、很值得相信的理論時，我們會用一種「對號入座」的思考方式，也就是想辦法把出現的現象塞入理論 T 的模子裡去理解；如此思考要有所吻合的機率實在非常高。例如：若理論 T 如圖一預測明天股市是先漲後跌：

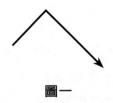

圖一

　　如果一開始漲了一點點，之後跌下來，然後上下震盪很多回合之後，最後大跌（如圖二實線），我們會覺得理論 T 預測正

確（如圖二虛線），因為整體來看也算是先漲後跌。

圖二

　　反過來說，前面一樣但最後卻大漲，這樣看起來應該和理論T的預測相反，但只要以對號入座的思考方式，可能還是會覺得理論 T 正確預測大部分的股市變動。而即使股市剛開始跌了一點點，然後就上漲，然後中間小幅拉下，我們會自動不去看那個跌了一點點的時段，而從比較明顯的上漲處開始看盤。這樣一來，理論 T 也還是一樣準。就算我們把圖二倒過來（如圖三實線），一樣可以獲得理論 T 能夠預測大部分股市變動的結論（如圖三虛線），而最後的上揚則會找出一個（不在理論 T 討論範圍內的）特殊因素來解釋，所以，理論 T 還是正確的。

圖三

　　這種對號入座式的檢證方式，事實上大多數理論都會被檢驗為「正確吻合股市現象」，如果因為這樣就開始對理論 T 產生

信心，這樣的概念框架就完全建構在錯誤的基礎之上，而且自己也難以發現其問題所在。

　　這種對號入座式的思考方式，最明顯的是出現在算命中，而讓我們覺得算命很準。例如：某算命書寫著：「你是一個多情的人」。當我看到這句話，自然覺得很準，因為我的確曾經喜歡過不少人。然而，假設算命書寫著我是一個「感情專一的人」，這怎麼辦？這個時候，我就會想到我感情專一的那一面，我的確在某些地方還滿感情專一的，不會每見到一個喜歡的人就有所行動。再假設算命書寫著我是個「無情的人」，事實上我也有無情的一面，面對一些喜歡我但我不喜歡的人，我還真的滿無情的。

　　算命會引導我們去看自己的某一面，而人的個性本就是多面向的，我們有著各式各樣的個性和特色，在不同的時候，顯示不同的面貌。當算命書提到這類事情時，自然而然會被你認為是準的。只要我們用這種對號入座式的思考方式去檢驗一個說法，那麼，大多數的說法都會被我們認為是正確的。

　　錯誤概念框架的形成有許多因素，這些因素把許多不該連結的東西扣在一起，而且彼此呼應，形成一個融貫的（但錯誤的）概念框架。其中每一個環節都被許多其他環節所支持，如果我們想要反駁擁有這個概念框架者的某個單一想法，光是反駁那個想法的效果很弱，我們必須完整的去反駁整個概念框架。但這樣的反駁必須做一個大規模的思考與辨證，由於在日常生活中，我們很難做這種澈底且有深度的討論，所以，要溝通不同的概念框架，可以說幾乎是辦不到的事情，這樣的情況就會讓老頑固們繼續他們的頑固。

　　概念框架的崩解與重建，通常需要一個人自己從思想內部改變。我們雖然很難用辯論的方式去改變一個人的概念框架，但

是，我們或許可以企圖去改變一個人的心態，讓他自己想要反思檢驗一下某個被質疑的概念框架。要達到這個目的，最好的方式並不是說之以理，不要想辦法用辯才去壓制別人。相反地，較好的方式可能是動之以情，讓他願意為了某個更好的目的，自我反思這個可能已經造成眾人困擾的概念框架。

當然，要想改變自己的概念框架，除了要有意願之外，還要有工具。這個工具就是找出概念框架各種連結的問題所在，而事實上許多會造成問題的因素都是我們已經知道的，這也就是所謂的邏輯與批判性思考。經過一些思考訓練之後，我們可以預防許多思考陷阱的出現，防止某些錯誤的概念框架形成，也可以破除已經存在的不良概念框架。這樣的訓練由於企圖去克服人類習慣性的錯誤思考，因此也造成另一種概念框架的形成因素。下一節將討論這種概念框架形成因素——邏輯與批判性思考。

六、邏輯與批判性思考的訓練

前面談到一些人們自然形成的概念框架以及可能導致的錯誤，而當人們發現這些思考上的問題後，開始進行更謹慎的思考，並檢驗有哪些思考型態是可以信賴的，而哪些思考方式又是應該放棄不用的。從這種理性的啟蒙，人類思考型態便能從自然推理進化到邏輯推理。一般日常生活中所謂的正確思考，便是所謂合邏輯的思考；而那些可能會導致錯誤思考的，則稱為不合邏輯的思考或簡稱為謬誤。

在日常生活中，用邏輯形式符號計算的「符號邏輯」應用範圍是很有限的，並非任何一種思維都可以簡單的轉換成符號邏輯的表達方式，有些情況很難用邏輯規則去衡量，這時，我們便需要一些其他輔助的思考工具，來協助我們更清楚地發現自己思考

上的盲點。這些輔助工具加上應用邏輯理論，在日常生活的思考稱之為「批判性思考」。

　　這樣的思考方式比起自然的思考更能防止錯誤發生，當批判性思考能力變強後，自然也形成一個思考方法的概念框架。當一個想法出現時，心中就會浮現一個正確推理（以及常見謬誤類型）的框架來比對，然後衡量其是否為一個正確推理。這是屬於後天訓練的概念框架，而許多其他在教科書上學會的知識，像是各種科學研究方法、數學等，大都是這類後天特別去學習而形成的概念框架。

　　舉例來說，請看看下列四個推理：

A. 我知道由於小明體質特別，他只要淋雨就會感冒。小明在放學回家的路上淋到雨了，因此，我可以推理出他又要感冒了。

B. 我很清楚知道小花感冒就一定會流鼻水，當我看見她流鼻水，就可以推理出她感冒了。

C. 我知道只要跟小黃玩球，小黃整天都會很高興，當我看見小黃一副不開心的樣子時，我可以推理出小黃今天還沒有玩球。

D. 我知道小綠很喜歡看電視，只要有電視可看，他就不會覺得無聊，剛剛電視壞了，今天沒電視可看，我可以推理出小綠今天要無聊了。

以上四個推理，從邏輯與批判性思考的角度來看，其中有兩個是正確的推理，而有兩個是錯誤的推理，你能分辨出來嗎？

　　從邏輯的角度來看，這裡所謂正確的推理，用邏輯術語來說則是「有效推理」，而錯誤推理則叫做「無效推理」。而這種衡量方式針對的不是個別的論證，而是整個論證的形式，也就是只看論證的結構而不管其內容，當一個論證形式是有效推理時，其意思是說：「不管該論證的內容是什麼，如果前提全部為真，則結論必然為真」。反之，一個無效論證的意思則是：「不管該論證的內容是什麼，即使前提全部為真，則結論也可能為假」。也就是說，有效論證的形式可以在前提全部為真時，保證結論必然為真，但無效論證則不能保證。

　　此處有幾點可能的誤解是必須澄清的。首先，不管有效或是無效論證，都與前提是真是假無關，只假設如果前提全部為真，則對結論的判斷有所不同。其次，當前提全部為真時，無效論證的結論也可能是正確的，只是不能保證必然為真而已。上面的四個例子中，A、C是有效論證，而B、D是無效論證，你看出來了嗎？如果不能正確判斷，請看以下分析。首先，我們可以將其論證形式表達如下：

論證	前提一	前提二	結論	有效與否
A	$P \rightarrow Q$ 小明淋雨就會感冒	P 小明淋雨	Q 小明會感冒	✓（有效）
B	$P \rightarrow Q$ 小花感冒就會流鼻水	Q 小花流鼻水了	P 小花感冒了	✗（無效）
C	$P \rightarrow Q$ 小黃玩球就會高興	$-Q$ 小黃沒有高興	$-P$ 小黃沒有玩球	✓（有效）
D	$P \rightarrow Q$ 小綠有電視可看就不會無聊	$-P$ 小綠沒有電視可看	$-Q$ 小綠會覺得無聊	✗（無效）

　　當我們熟悉上面的論證形式，並且烙印在腦海中，便會形成一個抽象的概念框架。只要在日常生活中遇見可以轉換成上面符號形式的推理時，幕後操控思維的黑手就會自動運作，呈現出相對應的符號結構，我們就能快速判斷一個推理是正確或是錯誤。就算訓練不足，未能迅速轉換成符號，只要此概念框架已建構完成，當錯誤推理出現時，我們心中還是會產生一種「怪怪的」感覺，提醒我們事情似乎沒有這麼簡單，而此時偵錯神經的敏感度也能升級。

　　這種邏輯與批判性思考的訓練目的，就是要在思考中建立這些具有防火牆功能的框架，然後用這些框架形成邏輯的思考能力以及邏輯的直覺，讓思考能在邏輯的檢視下減少錯誤發生。

　　有些讀者或許會對上面談到的關於論證形式有效、無效等專有名詞感到疑惑，甚至是對「形式」、「真假」、「偵錯神經」等名詞感到陌生而不知所措，這都是正常現象；在剛接觸時，都會如此。這些專有名詞只要習慣使用即可，此處就不多做說明，若有興趣進一步學習邏輯與思考技巧，可以參考我的另一本著作《邏輯謬誤鑑識班》，或是其他相關書籍。

七、新概念框架的形成

　　前面提到過的當代科學哲學家孔恩對科學演變的描述，他談到科學理論概念框架的改變，且將一整套有系統的科學理論稱為典範（paradiam）。典範內部有時會有小修正，但有時也會遇到需將整個典範放棄，而以新的典範取代，這樣的情況則稱為「科學革命」。孔恩提出的「典範」一詞，也可從「概念框架」的角度來解讀，而日常生活的概念框架也有著類似的改變機制。

　　舉例來說，社會價值觀的改變就會導致典範或概念框架的

修正。例如：在一百年（甚至五十年）前的社會，將「穿著迷你裙」和「淫蕩」關聯起來。但現今這個關聯幾乎已經被破壞，而改以「性感」來連結。在大改變方面，從「男尊女卑」這個觀念所形成的整個概念框架，逐漸被現今的「男女平等」概念框架所取代。

而在個人思想方面也有著類似改變。例如：在對某一個人的理解中，從剛認識直覺認為這個人不好相處，轉變到認為很好相處，這就是一個概念框架的小改變。而鄰人小孩偷斧頭的故事，就是一個典範轉移的最佳範例[3]。從「鄰人小孩偷斧頭」的想法，建立起對小孩各種行為解讀的概念框架，當斧頭找到之後，整個概念框架崩解，進而轉移成從「鄰人小孩沒有偷斧頭」的想法為基礎，建立起對小孩行為解讀完全不同的概念框架。

再以男女關係為例，一般認為具有朋友性質的男女關係分為兩大類，一是「男女朋友」，另一則是「普通朋友」。如果有一天，某個人看見你和某個異性一起逛街或是吃飯，那麼別人可能會想問：「這個人和你是普通朋友或是男女朋友？」或者，當某位名人被爆料和另一位名人一起吃飯，大家就會去猜測他們是「普通朋友」或是「男女朋友」關係。我們習慣性地用這種二分法去區別不同的異性朋友關係，也就是說，在我們理解異性朋友的概念框架裡，有這兩種不同的關係，而這兩種關係具有其他意義。例如：「男女朋友」會被理解為有或是可以有親密行為的、通常會朝婚姻關係發展、應該只有一個否則是不道德的、雙方互

3　這個故事出自《呂氏春秋》，故事大意是某個人斧頭不見了，他懷疑是鄰居小孩偷了，於是觀察這個小孩的行為舉止，無不像是偷了斧頭的樣子。但不久之後，他發現斧頭掉在田裡，於是他又重新觀察鄰人小孩，其舉止就變成怎麼看都不像是偷斧頭的人了。

相有愛情等；而普通朋友則有不同的連結。當然，這種二分法是很粗糙的，但基本上由於大多數人都是依循這種框架去理解以及處理自己的異性朋友關係，所以，基本上也都還可以溝通。

然而，當今自由社會愈來愈多人不願依循這樣的框架來處理個人的異性朋友關係，因而產生一些改變。例如：有許多「劈腿者」同時有好幾個具有「男女朋友」關係的人，這個現象破壞了「男女朋友」與「單一」的連結。但是，由於人們普遍認為這是不當行為，因此，仍舊只當其為「特例」來思考，而不影響原本的概念框架。然而，這種「單一」的堅持，事實上來自於當今社會的「一夫一妻」制度，因為大家認為男女朋友關係應該是朝婚姻關係前進的，而由於最後只能有一個人具有婚姻關係，所以，在道德上，男女朋友自然也應該只有一個，否則就太對不起被遺漏的人了。

然而，當今社會許多人的想法開始有一些改變，並且也反映在近年當紅社群網站臉書的個人狀況選單中。例如：交男女朋友的同時，仍然「保留與其他人交往的權利」，這表示大家已經開始接受這樣的觀念。然而，也有些人認為男女朋友應該多交幾個，之後再選一個最適合的，或許未來在臉書上會增加一個選項：「多重交往中」。又或者有人認為現有的婚姻制度不好，不想結婚，每一個男女朋友都不以「朝婚姻關係邁進」的方式思考，所以也不太會有罪惡感，這樣的思考方式就將原本「男女朋友」的概念框架做了改變。由於有些人交男女朋友時，根本上就已經認為自己絕不會跟那個對象走向婚姻，或甚至根本就不打算結婚，而只是喜歡交往的過程，這種觀念也改變了原本男女朋友的意義。在許多這方面的改變中，「男女朋友」的概念變得更豐富也更為模糊，這會在溝通上導致一些不良後果。因此，為了時

代需求，或許我們可以創造一個新的概念，好讓表達可以更清楚地呈現。例如：我們把「普通朋友」與「男女朋友」的二分法變成「普通朋友」、「男女朋友」以及多一個「密友」（親密的朋友）的三分法。那麼，什麼是「密友」呢？

「密友」這個詞的意義，可以像是男女朋友一般，可能具有親密關係或是在心理上有著互相愛戀的異性朋友，但是彼此卻沒有結婚的打算，而且像是普通朋友一樣，不會因為別人有其他密友或是男女朋友而譴責對方。這樣的關係事實上已經大量存在當今社會，只是仍有很多人會問：「這樣到底算是什麼關係？」

在受制於原來的概念框架思維情況下，有時會將自己定位為「普通朋友」，然後開始和對方保持距離，有時又覺得自己像是「男女朋友」，然後開始爭風吃醋；這樣的思維方式主要是受制於原本二分法概念框架的影響。

在突破了男女朋友與普通朋友二分法的思想桎梏後，若我們創造出一個像是「密友」這樣的新概念，就比較容易對這種特殊關係有所理解與討論。例如：我們可以較便利的去討論這種關係的好壞以及該如何面對這樣的關係。形成流行之後，未來說不定就會有關於密友的許多暢銷書，如《如何和密友相處》、《做一個快樂的密友》以及《密友的新人生觀》。這些知識與討論會逐漸形成新的想法和價值觀，而後建立一個更完整的概念框架。

新概念的形成往往會帶來新的思潮，無論這種關係是好是壞，新的概念將有助於我們對其有更好的掌握。當然，新概念的出現也有可能對於這種關係有助長作用，讓大家知道如何定位，知道有這種新的異性朋友關係，或許會對其有所嚮往也說不定；也由於讓它更清楚地攤在思維的陽光下，更容易看見其可能產生的各種缺失。

　　新概念的形成，往往就會伴隨著新概念框架的出現，這也讓我們的思想再度增加一個思考工具。

八、概念框架的破壞與創造性思考

　　上一節我們談到在兩性關係中，除了男女朋友與普通朋友的二分法之外，加上密友的新關係可以形成一個新概念框架。剛開始要使用這個新的概念框架時會覺得很彆扭，甚至心理上會覺得很反彈，但若用理智好好想一下，或許覺得這樣能夠表達更多的不同關係，也會更好一些。但是，只要使用這樣的概念框架重新思考兩性關係，一段時間之後就會覺得無礙，好像原本就應該這樣。這是大腦在面對概念框架改變的必然現象，而且一個概念框架用得愈久，與其他概念框架的連結會愈緊密，這樣的概念框架也就愈難改變，而且會認為這是理所當然的。這或許也是為什麼年紀愈小的人，使用舊概念的時間短，則愈能接收新觀念。

　　然而，年紀並不是影響概念框架改變的唯一因素，更重要的是，還要看一個人思考的靈活度，也就是此人對任何一個概念框架的肯定程度。一個人愈是將某個概念框架視為理所當然，這樣的概念框架就愈難動搖。所以，即使年紀很大，如果總是覺得所有的概念框架不過是用來理解事物的工具而非真理，而且經常性的反思尋找更好的概念框架、經常性的改變不同的概念框架來理解事物，那麼，這個人的概念框架的可變性就會很高。從另一個角度來說，這樣的人思考彈性大、思想的包容性強、對各種不同文化與想法的理解力高，而且，還很可能會連帶具有創造力；這種人通常就是那些被稱為「很有智慧」的人。

　　西方哲學宗師蘇格拉底強調無知之知的智慧，也就是能看見自己還有很多東西不知道的洞見，有了這種洞見，自然就不會

讓思維侷限於現有的概念框架，只要一遇到與自己觀點不同的想法，就會開始懷疑自己的概念框架是否有問題，這樣的人容易仔細聆聽別人的不同意見，也容易理解他人的想法，對於發現自己的錯誤或者即使自己是正確的，也更容易與人溝通；這便是哲學智慧帶給生活的莫大好處之一。

由於思考就是概念框架的思考，沒有了概念框架，我們幾乎不知道要怎麼思考。而當大家的概念框架都類似時，思考就會大同小異。因此，創造性思考就變得很少見了；因為，不管是多好的思考，只要大眾化了，就不是創意。

創意通常是在正常概念框架的運作中飛躍出去，任意產生新連結之後開始的。換句話說，一個人所具有的概念框架必須有可破壞性，產生破壞之後，形成一個原本在正常思考下不會有的新連結，這樣的新連結就可能導致一個創造性思考。當然，創造性思考能力不僅是概念框架破壞與重建如此簡單的能力，還具備其他像是想像力等能力的混合，此處只針對概念框架的運作與創造性思考的關聯討論。

舉例來說，當一個人刻意要去想一個有創意的故事情節時，我們可以嘗試做一些概念框架的破壞與重建來達成。例如：在愛情方面，由於已有的故事非常多，想要沿著習慣性的概念框架思考找出創意很困難，因為能想出的情節大致上都被人們想光了。但是，只要將原有的愛情概念框架破壞，容許其他不同概念融入產生新的連結，就可能產生有創意的結果。例如：任意將原本無關的「愛情」與「打雷」結合起來，我們可以想像到「原來每一聲雷響都是在破壞一段戀情」，從這裡出發就可能產生一個新的故事。或者我們可以將其連結得更複雜，例如：從「愛情」可以聯想到「約會」，而從「打雷」可以聯想到「很大的聲

音」，我們將原本沒有任何關聯的「約會」和「很大的聲音」兩個概念連結起來，我們可以想到「有個人喜歡在很嘈雜的環境約會」。這樣的一個聯想，就形成一個別人從沒想過的創意，再以這個創意為根基去構作整個故事。

在這樣的思考中，概念框架必須具有可破壞性，可以較輕易與其他看似無關的概念重新連結思考，這正好就和死守概念框架的老頑固相反。當一個人所使用的概念框架具有這樣的特質時，就有一個可以形成創造性思考的最佳基礎，如果再加上好的想像能力與組織力，就比較容易產生創造性的思考能力。一旦這樣的能力成形，創意就會無窮無盡。

九、同時具有不同概念框架的思考模式

如前所述，概念框架是我們的思考工具，如果沒有了概念框架，人類將難以思考問題。然而，如果有著僵化的概念框架，思考將不具彈性，則會變成老頑固；老頑固不一定是年紀大，而是思考僵化。

許多政治人物或是公權力的執行者認為：「一切依法辦理」。在他們的概念框架中，「依法辦理」就是最好的方法，也是最值得努力的方向。在某些方面來說或許真是這樣，一個國家社會要是不講法治就會變得混亂。但是，如果一個國家只講法治，就會變得冰冷僵化而令人不快樂，甚至會有本末倒置的情況發生。

舉例來說，臺灣現今社會拖吊車的收入與拖吊量有關，拖吊人員拖得愈多就可賺愈多，這些公權力的執行者依法辦理，只要是違規的黃線停車就拖吊，即使車子停在完全不影響交通的黃線也照樣拖吊。有一次，在一個幾乎沒有什麼車的鄉下大馬路上，

我就看到拖吊車在拖吊停於黃線的車子。這個行為事實上是完全合法的，對於實施公權力的人來說，這種拖吊作業是很方便的（車愈少愈容易作業），然而，我當時就想：這個拖吊業務有什麼意義呢？

原本拖吊業務是要讓阻礙交通的車子不要繼續阻礙交通，讓大家行車更順暢，但是，這個拖吊行為完全沒有發揮讓交通變得更好的功能，但卻讓汽車被拖吊的人生活增加很多不便。這不是本末倒置了嗎？法律的制定通常不會剛好符合人民的最大利益，還需要仰賴執行者的智慧去實施，才能讓這個社會變得可愛一些。對於那種只知「依法辦理」的人來說，這便形成了一種僵化的思想，而僵化可能導致更糟的局面。

「依法辦理」的確有其好處，如果法令不再被一般人民重視，大家都想要自己被網開一面，那就導致更糟糕的情況。也就是說，「依法辦理」這個觀念所形成的概念框架是有必要保留的，如果在「依法辦理」的概念框架中，將其弱化變成有時可以不依法辦理，也說不定會導致更不好的後果。

就像是大學老師在打成績一樣，如果老師依據其在一開學時就提出的分數計算方法，以完全不變的方式打成績，則有其一定的好處。久而久之，學生們知道這是沒有變通的，所以努力滿足這個課程需要達到的標準與要求，那麼，這樣的做法有其好處。

但是，一開始訂下的標準很可能無法真正衡量一個學生的能力。例如：如果有學生期中考沒考、平時作業都沒交，但是期末考卻考了滿分，若期末考是真正衡量學生能力的考試，而期中考和平時作業都是為了期末考在練習，那麼，假使依據一開始訂下的標準（如平時作業占百分之三十；期中考占百分之三十；期末考占百分之四十），這位學生會因此不及格，那麼這也造成本末

倒置的情況。因為，檢驗出不及格成績的目的，主要是因為學生該科沒有學好而能夠再學一次，但學生明明就已經學習得很好，為何還要給出不及格的成績呢？如果一位老師仍舊沿用一開始訂下的規則，給予該學生不及格的成績，這是完全合於規定的，但卻是本末倒置的，這種做法就是源自於一個僵化的思想。

　　然而，如果老師放棄「依法辦理」的概念框架，然後依據自己的判斷，更動自己訂下的規則，這在某些個別例子上的確有較好的結果，但必須承擔的後果是，如果學生們知道這種變通思維，以後就可能不會再將老師訂下的規則當一回事，而認為總是有變通餘地，這樣情況說不定還更糟。那麼，這該怎麼辦呢？

　　這時，我們需要同時具備兩種不同的概念框架處理問題。依據上面的例子來說，第一個概念框架就是「依法辦理」，這是一個不可動搖的概念框架，一切事情必須依法辦理，無論是否本末倒置、無論是否導致更糟的結果、無論是否使得社會更不可愛，一切事情都必須依據沒有彈性的規則來處理。在思維中具有這個概念框架的同時，我們仍保有另一個概念框架，也就是可以彈性處理的概念框架，不要讓訂下的法律成為破壞社會的元凶，也不要讓本末倒置的情況發生。

　　這兩個概念框架如果放在一起當然是矛盾的，它們有互斥的關聯。人們在面對這種兩難局面時，通常會選擇一個自己比較能接受的，但無論捨棄哪一個都不理想，我們應該想辦法保留兩者。關鍵是只要不放在一起，便沒有矛盾了。問題在於一個時間點上只有一個概念框架會被啟動，通常被啟動的概念框架就是「依法辦理」的概念框架，而且非常堅持，但如果有特例出現，則另一個「彈性處理」的概念框架會被啟動，不過前面說過，彈性處理的概念框架會破壞依法辦理的準則，因為人們會擅自解讀

變通方式而導致法令不彰。為了預防這種不良後果的出現，彈性
處理的概念框架之啟用必須非常小心，必須以不要有不良後果的
方式啟用。要做到恰到好處，看起來似乎不太容易，但只要願意
動動腦，方法多得很，而處理這類問題的方式就是一種智慧。

例如：有些很有智慧的政治人物經常說出「依法辦理」的
話，好像非常刻板、沒彈性，讓人產生不會變通的印象。如此一
來，在這位政治人物管轄範圍內，人民就比較不敢取巧。但是，
當遇到依法辦理會本末倒置的情況時，很奇怪的是，這些違法者
會因為一些很幸運的情況而沒有被依法辦理。不是剛好被不小心
忽略了，就是因為有其他特殊狀況或沿用其他法條而改變了。但
是，大家卻不認為是這位政治人物變通的結果，所以保留其依法
辦理的嚴苛印象。如果這樣的局面是故意造成的，那麼，這位政
治人物就是一個可以把矛盾的概念框架同時玩弄於股掌間並取其
優點的智者了。

如果一個人在處理問題的同時，有許多不同的概念框架在運
作，而且如果運作得宜，那麼，這會盡可能地將僵化的概念框架
之缺點排除，而獲得直覺上得不到的好處。當然，這一切必須行
使得宜，否則會被認為是一個沒有原則的人，這就可能會帶來一
些不良後果。

十、概念框架的解除

概念框架讓我們對事物有一些想法，這些想法無論是在知識
層面或是價值層面，只要我們將其視為理所當然，也就成了一個
思考的障礙。從一個企圖追求思想上最大自由的目標來說，這些
都是必須克服的問題。佛教術語稱其為「執著」，而擺脫所有這
些執著就是悟道，也就是思想上的完全自由。因此，從概念框架

的角度來說，當我們能夠跳脫所有概念框架的束縛時，就是開悟的一刻。

　　老子說：「道可道，非常道」，他認為「真道」是無法被語言表達的。從概念框架的角度來解讀，只要一使用語言，就會帶入概念框架，沒有概念框架的語言（從某些層面來說）是沒有意義的。因此，除非我們使用這類不具有框架的語言，像是「道」或是「那個」，否則我們無可避免的在思考中帶入概念框架。

　　而號稱最能使人開悟的《心經》，更是一種企圖澈底摧毀原有概念框架的文字。例如：其主張沒有「眼、耳、鼻、舌、身」，甚至連意識都沒有，這完全違背我們習慣使用的概念框架。因此，為了解《心經》，我們必須在思想上暫時拋下所有這些很根本的概念框架。那麼，我們就當作這些都不存在好了；這時，在我們的思想中形成一個「這些都不存在」的概念框架。但這樣也不行，只要一運用概念框架，觀念就被綁死了，就無法符合《心經》的文字，因為連「沒有」都不可以有，而且連「不可以有」也不能有。只有在我們不再建立概念框架、不再依循概念框架思考，思想的大解放才會發生。當這些很根本的框架真的被放下，其他大量依據這些觀念才能成立的概念框架會同時崩解。那麼，《心經》的所有文字才能在一種很直觀的思路中轉為通暢：

　　　　「原來這些都沒有啊！」不對，不對。
　　　　「原來也不是沒有啊！」不對，不對。
　　　　「原來就是這樣啊！」

　　當製造各種是非對錯的概念框架全部消失時，人心的自由隨即呈現。原來「道」就是把我們這本書前面所講的東西，從心中全部挖出來之後暫時丟棄的思維狀態。這種對「道」的解讀看來滿合理的，您認為呢？

　　如果真是如此，那麼，我們倒是找到一個修行的好法門。只要不斷尋找自認為理所當然的概念框架，然後在深度思考中發現其不穩定的基礎，一一破除之後，思想就自由了，也就開悟了。對於愈來愈強調智性與思考的現代人來說，這條開悟的路或許更容易一些。就算對宗教上的開悟沒什麼興趣，思想的自由能提升智慧，這將有助於我們獲得更美好、幸福的人生。

　　隨時隨地若遇見問題則拿出暫時可用的概念框架，好則用，不好則棄，無任何執著，這便是佛學空性的智慧。不管這是否為真理，或只是宗教信念，如果思維能到達這個境界，生活怎能不自由自在呢？

後　話

　　在我正努力的思考與討論概念框架的同時，有人問我：「用概念框架思考和我們平時的思考有什麼特別不同嗎？」例如：之前談到的老王與小花的故事。老王從原本以為小花變好到認為她外遇，最後又改變觀點的轉變，這個過程其實說想法改變就好了啊！何必多說一個概念框架的轉變呢？這樣多一個奇怪的名詞不是很麻煩嗎？

　　不！這樣的麻煩是有價值的。因為，當我們平時只說想法改變，我們大腦浮現的畫面是單一想法的改變。但是，當我們提到概念框架的改變時，我們大腦浮現的是一個整體想法的改變，這個差別是很大的。當我們開始從概念框架的角度來思考問題，就像是從一個「線」轉變成從一個「面」來看問題，所看到的問題比較全面。所以，我們跟人溝通想法時，也可以從一個思考較為全面的角度切入，這就比較能夠預防雞同鴨講而不自知的情況產生。而且，許多問題一定要以這樣的方式思考才能看得清楚。例如：有許多哲學上的千古難題，想破大腦都想不出解答，但是，只要從概念框架的角度來看，很快就可以看見其問題的核心點。

　　例如：在第一章談到的雞與蛋孰先的問題，究竟是先有雞？還是先有蛋？這個問題有幾種不同的解讀方式，其中一個最讓人產生困惑的解讀就是：「如果先有雞，那這隻雞是從哪裡孵出來的？如果先有蛋？請問這個蛋是誰生的？」這個解讀實際上隱藏兩種互相衝突的概念框架混合運作，進而導致思考上的困惑。第一個是「循環事件的概念框架」，由於雞是蛋孵出來的，而蛋是雞生的，那麼，在這樣的定義下，雞和蛋就落入一個循環事件的概念框架中。當我們用這樣的概念框架理解雞和蛋的同時，又要問誰先？這就又導入另一個「有先後次序的概念框架」。而這兩個概念框架是互相衝突的，如果把雞和蛋定義成循環事件，就不

能問先後。反過來說，如果我們一定要問先後，就不能把雞和蛋定義成循環事件，我們的思考就必須接受「雞可能不是蛋孵的」，或是「蛋可能不是雞生的」；否則，這個問題就被兩個互相衝突的概念框架弄到思想糾結，演變成想破頭也不會有答案的狀況。但是，當我們用概念框架的角度去解析它，問題根源就一目了然了。

另一個例子，我們也可以從概念框架的角度解答，為什麼在社會上，道德價值觀總是被用來批評別人而不是反省自己？

在日常生活中，我們會發現多數人在道德的要求上，對待別人很嚴苛，但對待自己卻很寬鬆。正是所謂的「嚴以待人、寬以律己」（與古訓「嚴以律己、寬以待人」剛好相反）。例如：在日常生活中我們可能常常會發現，當小明看到小王做了某件事時，小明會批評小王很自私，但是，當小明自己做了完全一樣的事情時，卻不會認為自己很自私，為什麼會這樣呢？這樣的情況似乎常常會出現，但有趣的是，有這種問題的人，往往都不會發現，更怪的是，他們還會發現別人有這個問題。

從概念框架的角度來看，我們可以發現一個很好的解釋：用來理解別人的概念框架和用來理解自己的概念框架是不同的。在小明的概念框架中，「別人」或是「人」這個概念，與「自私」這個概念可能有著非常緊密的結合，如果有個人做了某件很容易被歸為自私行為的事情，那麼小明很容易把這個人視為自私的人。但是，用來認識自己的概念框架卻不同，由於我們大多已經對自己有個定位，如果自認為是個自私的人，那麼就比較不會有這樣的問題，因為用來認識自己的概念框架也與「自私」概念有著密切的結合。但是，大多數人並不認為自己是個自私的人，所以，以解讀自己行為的概念框架來解讀某個從別人角度看是自私

的行為時，由於「自私」和「自我」是互斥的，所以，概念框架會自動用其他方式解釋這個自私行為，因而會有不同的解讀。例如：「都是別人害的」、「我有不得已的苦衷」、「我是為了給他一點教訓」，或甚至是「我有著正義的目的」。在這種概念框架的運作下，人們永遠看不到自己自私的一面。

這樣的情形也可以用在對不同人的解讀上，由於用以理解不同人的概念框架也可能不盡相同，所以也會有不同的解讀。例如：一個支持民進黨而反對國民黨的人由於對這兩黨已有不同的理解，用以解讀其做法的概念框架即是不同的。所以，即使兩黨做一樣的事情，也會產生不同的解讀；反之，對於支持國民黨、反對民進黨的人也有相同的問題。

而我們也在別人的心目中，建立關於自己的概念框架，如果在跟別人的相處過程中，我們經常說謊騙人，那麼，我們在被別人理解的概念框架中就與「說謊」概念有著緊密連結，當我們說了一些需要別人信賴的話時，就比較不會被重視。反之，如果在與別人相處的過程中，我們保持著絕不說謊的原則處事，那麼，在別人用以理解我們的概念框架中，就有與「說謊」概念的排斥連結，也就是認為我們不會說謊的連結。如此一來，當我們說了一些需要別人信賴的話時，別人通常就會相信我們。因此，在與別人的互動過程中，我們必須很注意別人是如何建構對我們理解的概念框架，而不是只要自己行得正就行了。因為，由於誤解而產生的錯誤概念框架仍然常會發生。

除了上面這些例子之外，有許多著名的哲學問題可以用概念框架的角度解析，而獲得更好的理解。例如：就像在第一章談到過的禿子悖論。一個禿子一天多長一根頭髮還是禿子，以此類推，無論多久以後，無論頭髮長出幾根，一個禿子永遠都是禿

子。這裡牽涉到兩種關於禿子的概念框架，一個是日常生活中用以判斷一個人是否為禿子的概括性感覺的概念框架，另一個則是用頭髮數量來決定一個人是否為禿子的概念框架，這兩個概念框架也會導致衝突，而衝突的地方就構作出使這個問題產生思想糾結的困局。

又如古希臘哲學家芝諾（Zeno of Elea, 490 BC-430 BC）主張：「飛箭是不可能會動的」，他的理由是：「因為無論箭在哪一個空間點上都是靜止的。既然在每一個點都靜止，又怎麼可能會動呢？」這裡牽涉到的也是兩種看待事物的概念框架，一種是把世界當作無數個點的集合體，從這個概念框架來看，飛箭的確是不會動的。或者說，「動」根本就無法存在於這樣的概念框架之中。但從我們一般把世界當作一個連續體的概念框架來說，飛箭當然是會動的。當我們企圖要從第一個概念框架中回答飛箭如何能動的時候，這根本就沒有答案。因為在那樣的概念框架中，「動」根本就是不可能的事情。

其他更現代的哲學問題，像是著名的「心是什麼？」以及意識的化約問題等，都可以用概念框架的角度去解析而獲得很好的成果，這部分在我另一本著作《心靈風暴：當代西方意識哲學的概念革命》中有詳細討論。還有更多的問題是關於哲學家們（以及社會上許多名人、名嘴）互相批評時，常常都只不過是使用不同的概念框架在看問題。諸如此類，此處就不贅述，希望讀者也可以開始從概念框架的角度來思考，剛開始或許很彆扭，習慣後，你一定會愛上這個思考工具，因為它可以引導我們看到很多原本在思考世界中看不見的隱藏事物。

參考書目

Aronson, E., Wilson T., & Akert R. (2010). *Social Psychology,* 7th Edition. USA: Pearson Education, Inc. 中譯本：余伯泉等譯，《社會心理學》，2012 年，臺北：揚智文化出版。

Buchanan, Mark (2007). *The Social Atom: Why the rich get richer, cheaters get caught, and your neighbor usually looks like you,* USA: Bloomsbury. 中譯本：葉偉文譯，《隱藏的邏輯：掌握群眾行為的不敗公式》，臺北：天下文化。

Chomsky, Noam (1965). *Aspects of the Theory of Syntax.* MS, Cambridge: The MIT Press.

de Bono, Edward (1990). *Lateral Thinking: A Textbook of Creativity,* UK: Mica Management Resources Inc. 中譯本：李宏偉譯，《應用水平思考法（一）》，臺北：桂冠圖書。

de Bono, Edward (1976). *The Mechanism of Mind,* NY: Penguin Books. 中譯本：唐潔之譯，《思考的奧秘：心智的歷程（一）》，臺北：桂冠圖書。

Davidson, D. (1974). "Psychology as Philosophy," Reprint in *Essays on Actions and Events,* 1980, pp.229-244, Oxford: Oxford University Press.

Davidson, D. (1980). "The Material Mind", *Essays on Actions and Events,* Oxford: Oxford University Press.

Devlin K. (1997). *Goodbye, Descartes: The End of Logic and the Search for a New Cosmology of the Mind,* John Wiley & Sons, Inc. 中譯本：李國偉、饒偉立譯，《笛卡兒，拜拜》，臺北：天下文化。

Edelman M. G. (2009). *Wider Than the Sky: The Phenomenal Gift of Consciousness*, 中譯本：蔡承志譯，《大腦比天空更遼闊：揭開大腦產生意識的謎底》，臺北：商周出版。

Field, C. (1988). "Background Knowledge and Natural Language Understanding", in *Perspectives on Mind*. Eds. by Otto H. and Tuedio J., pp.261-274., D. Reidel Publishing Company.

Hacker, P. M. S. (1999), *Wittgenstein*, NY: Routledge.

Hume, David (1751; 1999). *An Enquire Concerning Human Understanding*, ed. by Tom L. Beauchamp, New York: Oxford University Press.

Kant, Immanuel (1781; 1965). *Critique of Pure Reason*, Trans. Norman Kemp Smith. New York: St. Martin's Press.

Kearns, John (1996). *Reconceiving Experience: A Solution to a Problem Inherited from Descartes*, Albany: State University of New York Press.

Kuhn, Thomas (1962). *The Structure of Scientific Revolutions*, Illinois: The University of Chicago Press. 中譯本：程樹德等譯，2003 年，《科學革命的結構》，臺北：遠流出版社。

Luchins, A. S. (1957a). "Experimental attempts to minimize the impact of first impressions". in C. I. Hovland(ed.) *The Order of Presentation in Persuasion*, pp.62-75. New Haven: Yale University Press.

Luchins, A. S. (1957b). "Primacy-recency in impression formation", in C. I. Hovland(ed.) *The Order of Presentation in Persuasion*, pp.33-61. New Haven: Yale University Press.

Minsky, M. (1968). *Semantic Information Processing*, The MIT Pres

Nagel, T. (1998). "Conceiving the Impossible and the Mind-Body Problem", Philosophy Vol.73, No.285, pp.337-352.

Norman, Donald A. (1998). *The Design of Everyday Things*, New York: Basic Books. 中譯本：卓耀宗譯（2007），《設計 & 日常生活》，臺北：遠流出版社。

Pavlov, Ivan (1928). *Lectures on Conditioned Reflexes*, Translated by W. H. Grantt. New York: International.

Polanyi, M. (1966). *The Tacit Dimension*, Garden City, New York: Doubleday.

Quillian, M. R. (1968). "Semantic Memory", in *Semantic Information Processing*, pp.227-270, Ed. By M. Minsky, Cambridge, MA: The MIT Press

Quine, W. V. O. (1953). *From a Logical Point of View*, MA: Harvard University Press.

Rumelhart, D.E., McClelland J.L., & the PDP Research Group, (1986). *Parallel Distributed Processing*, MA: The MIT press.

Schank, R. C. & Abelson, R. (1977). *Scripts, Plans, Goals and Understanding*, Hillsdale, N.J.: Lawrence Erlbaum.

Shapiro, S. C. & Rapaport, W. J. (1987). "SNePS Considered as a Fully Intensional Propositional Semantic Network", in *The Knowledge Frontier: Essays in the Representation of Knowledge,* ed. by Nick Cercone & Gordon McCalla, pp.262-315, New York: Springer-Verlag

Thagard, P. (1992). *Conceptual Revolutions*, New Jersey: Princeton University Press. 中譯本：《概念革命》，邱美虹等譯（2003），臺北：洪葉文化。

Tye, M. (2000). *Consciousness, Color, and Content*, Cambridge, Massachusetts: The MIT Press.

Zernik, U. and Dyer, M.G. (1987). "The Self-Extending Phrasal Lexicon", *Computational Linguistics 13*, pp.308-327.

梁庚辰（1998），〈學習與記憶〉，《心與腦》頁173-200，臺北：心理出版社。

哈克（1999），《維根斯坦》，奚浩譯，臺北：麥田出版社。

洪裕宏（1998），〈神經網路與哲學〉，《心與腦》頁249-293，臺北：心理出版社。

黃慶明（1991），《知識論講義》，臺北：鵝湖出版社。

徐四金（2006），《香水》，臺北：皇冠出版社。

金庸（1990），《神鵰俠侶（四）》，臺北：遠流出版社。

朱水林（1993），《哥德爾不完全性定理》，臺北：九章出版社。

冀劍制（2010，2016新版），《邏輯謬誤鑑識班：訓練偵錯神經的24堂邏輯課》，臺北：漫遊者出版社。

冀劍制（2012），《心靈風暴：當代西方意識哲學的概念革命》，臺北：臺灣商務出版社。

冀劍制、王惠民、張明仁（2006），〈脈絡中學新字的認知歷程：人工智慧電腦學習過程對英語學習的啟發〉，《高苑學報》第12期，頁161-194。

1B6B

概念框架
——幕後操控思考的黑手

作　　　者 —— 冀劍制
發　行　人 —— 楊榮川
總　經　理 —— 楊士清
總　編　輯 —— 楊秀麗
主　　　編 —— 蔡宗沂
特 約 編 輯 —— 石曉蓉
封 面 設 計 —— 姚孝慈
出　版　者 —— **五南圖書出版股份有限公司**
地　　　址 —— 106 臺北市大安區和平東路二段 339 號 4 樓
電　　　話 —— 02-27055066（代表號）
傳　　　眞 —— 02-27066100
劃 撥 帳 號 —— 01068953
戶　　　名 —— 五南圖書出版股份有限公司
網　　　址 —— https://www.wunan.com.tw
電 子 郵 件 —— wunan@wunan.com.tw
法 律 顧 問 —— 林勝安律師
出 版 日 期 —— 2024 年 4 月初版一刷
定　　　價 —— 300 元

國家圖書館出版品預行編目資料

概念框架：幕後操控思考的黑手 / 冀劍制著. -- 初版. -- 臺
　北市：五南圖書出版股份有限公司, 2024.04
　　面；　公分
　ISBN 978-626-366-881-2（平裝）

　1.CST: 思考　2.CST: 思維方法

176.4　　　　　　　　　　　　　　　112021303

經典永恆・名著常在

五十週年的獻禮——經典名著文庫

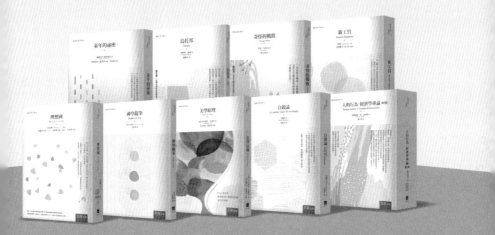

五南，五十年了，半個世紀，人生旅程的一大半，走過來了。

思索著，邁向百年的未來歷程，能為知識界、文化學術界作些什麼？

在速食文化的生態下，有什麼值得讓人雋永品味的？

歷代經典・當今名著，經過時間的洗禮，千錘百鍊，流傳至今，光芒耀人；

不僅使我們能領悟前人的智慧，同時也增深加廣我們思考的深度與視野。

我們決心投入巨資，有計畫的系統梳選，成立「經典名著文庫」，

希望收入古今中外思想性的、充滿睿智與獨見的經典、名著。

這是一項理想性的、永續性的巨大出版工程。

不在意讀者的眾寡，只考慮它的學術價值，力求完整展現先哲思想的軌跡；

為知識界開啟一片智慧之窗，營造一座百花綻放的世界文明公園，

任君遨遊、取菁吸蜜、嘉惠學子！